Julius Krohn

Die Auflösung der rationalen Psychologie durch Kant

Julius Krohn

Die Auflösung der rationalen Psychologie durch Kant

ISBN/EAN: 9783743693715

Hergestellt in Europa, USA, Kanada, Australien, Japan

Cover: Foto ©Thomas Meinert / pixelio.de

Weitere Bücher finden Sie auf **www.hansebooks.com**

Die lösung der rationalen Psychologie durch Kant.

Darlegung und Würdigung.

Inaugural-Dissertation

zur

Erlangung der Doktorwürde,

welche nebst beigefügten Thesen

mit Genehmigung der

osophischen Fakultät der Universität Breslau

Mittwoch, den 7. Juli 1886, mittags 12 Uhr,

in der Aula Leopoldina

öffentlich verteidigen wird

Julius Krohn
aus Landsberg O/S.

Opponenten:

~~Martin~~ Klein, Dr. phil.
~~Otto~~ Miller, Dr. phil.

Breslau
Wilhelm Koebner.
1886.

I.
Darlegung.

„Alle unsere Erkenntniss," sagt Kant in der transscendentalen Dialektik.[1] „hebt von den Sinnen an, geht von da zum Verstande, und endigt bei der Vernunft, über welche nichts Höheres in uns angetroffen wird, den Stoff der Anschauung zu bearbeiten und unter die höchste Einheit des Denkens zu bringen." Während nun der Verstand als das Vermögen der Regeln[2] die Anschauungen zur Einheit des Begriffs zusammenzufassen sucht, will die Vernunft als das Vermögen der Prinzipien[3] die Regeln des Verstandes zur Einheit des Prinzips bringen. Die Vernunft bezieht sich also nicht auf Erscheinungen, sondern auf den Verstand, um die mannigfachen Erkenntnisse desselben zur Vernunfteinheit[4] zu erheben. Demgemäss ist die Thätigkeit des Verstandes eine unmittelbare, die Vernunft aber in ihren Schlüssen handelt mittelbar, sie kann erst vermittelst der Regeln des Verstandes schliessen oder zwei Urteile zu einem dritten verknüpfen.

---

[1] S. 355. Im Anschluss an den Vorschlag Benno Erdmanns, „die Originalpaginirung der zweiten Auflage künftig als die Normalpaginirung zu benutzen" (vgl. das Vorwort desselben zu seiner Ausgabe der Kritik der reinen Vernunft, 3. Stereotypausgabe, Leipzig und Hamburg 1884, S. IX und zu den Prolegomenen, Leipzig 1878, S. VI) beziehen sich unsere Seitenangaben ohne weiteren Zusatz auf die 2. Auflage der Krit. d. r. V.
[2] S. 171.
[3] S. 356.
[4] S. 359.

Das Mittelglied aber ist die Urteilskraft, welche unter die Bedingung der vom Verstande gedachten Regel (Obersatz) eine Erkenntnis subsumiert[1]) (Untersatz); durch diese Subsumption eines Bedingten unter seine Bedingung erhalte ich die allgemeine[2]) Bedingung des Schlusssatzes. Nun kann die gefundene allgemeine Bedingung Obersatz eines zweiten Schlusses werden, die des zweiten Obersatz eines dritten u. s. w., so dass mir also die gewonnene Erkenntnis durch eine Reihe von Bedingungen zu teil geworden ist, eine Reihe, welche die Vernunft von dem Bedingten ausgehend zu dem Unbedingten hinauf *(per prosyllogismos)* oder von dem Unbedingten zum Bedingten *(per episyllogismos)* hinab fortsetzen kann. Wenn aber die Vernunft zu einem obersten Prinzip gelangen will, so wird sie natürlich nur den ersten, prosyllogistischen Weg einschlagen dürfen. Denn, wenn das Bedingte gegeben ist, muss auch die Totalität[3]) seiner Prämissen gegeben sein, die Reihe der einander über- und untergeordneten Bedingungen, welche für die Vernunft gleichsam die Leiter bilden, von deren unterster Sprosse, dem gegebenen Bedingten, aus sie auf den übrigen Sprossen, den Bedingungen, das oberste Prinzip zu erreichen bestrebt ist. Nun könnte die Vernunft an der Hand der nur von der Erfahrung gegebenen Bedingungen nimmermehr zu einem Ziele gelangen: denn jede von der Erfahrung abhängige Bedingung würde selbst wieder eine Bedingung voraussetzen und so fort bis ins Unendliche, ohne jedoch eine oberste Bedingung, eine Vernunfteinheit zu liefern. Diese oberste Bedingung, das Unbedingte und zwar schlechthin,[4]) in jeder Beziehung Unbedingte, darf also kein Begriff sein, der aus der Erfahrung stammt, — sonst wäre sie nicht unbedingt, — sie ist vielmehr der notwendige, der reine, apriorische Vernunftbegriff, der aller Erfahrung vorausgehen muss, sie ist etwas, wofür es in der Sinnenwelt nichts Ent-

---

[1] S. 360.
[2] S. 361.
[3] S. 389.
[4] S. 382.

sprechendes giebt, mit einem Worte: die transscendentale Idee. Von der Erfahrung kann die Idee des Unbedingten nie erreicht werden. Denn die Erfahrung liefert uns Erkenntnisse nur vermittelst der Anschauung, unsere Anschauungen aber haben nur Erscheinungen zum Gegenstande. Erscheinungen aber sind etwas Bedingtes, also kann die Idee des Unbedingten nie Gegenstand der Erfahrung sein.[1])

Hier haben wir nach Kant den Unterschied zwischen reinen Verstandes- und reinen Vernunftbegriffen gewonnen. Denn während ein reiner Verstandesbegriff ein solcher ist, der in einer möglichen Erfahrung gezeigt und anschaulich gemacht werden kann,[2]) können reine Vernunftbegriffe niemals in irgend einer nur immer möglichen Erfahrung gegeben sein;[3]) es sind Begriffe, deren objektive Realität (dass sie nicht blosse Hirngespinste sind), und Behauptungen, deren Wahrheit oder Falschheit durch keine Erfahrung bestätigt oder aufgedeckt werden kann. Durch eine unvermeidliche Täuschung aber, meint Kant, wird dieser Unterschied zwischen reinen Verstandes- und Vernunftbegriffen nicht beachtet, hält man beide Arten trotz ihrer wesentlichen Verschiedenheiten für gleichartig. Die unvermeidliche Täuschung entsteht dadurch, dass die Vernunft glaubt, das Unbedingte, zu dem sie in ihren Schlüssen gelangt, mache als letztes Glied in der Reihe der Bedingungen auch wirklich ein Glied der empirischen Synthesis aus.[4]) Aber das Unbedingte fasst wohl die Erfahrung unter sich, ist jedoch selbst niemals ein Gegenstand der Erfahrung, ist unabhängig von aller Erfahrung, gehört nicht zu dem, was wir reale Welt nennen, nicht zur Wirklichkeit [5]) des Seins.

Wie nun aus den vier logischen Funktionen[6]) aller Urteile

---

[1]) S. 367.
[2]) S. 396.
[3]) Prolegom. zu e. j. k. Metaph., Riga 1783, S. 125.
[4]) S. 368.
[5]) Vgl. Lotze: System der Philos., I. Teil, Logik, Lpz. 1874, S. 504.
[6]) Prolegom. S. 129.

des Verstandes die reinen Verstandesbegriffe, die Kategorien, hervorgehen, durch deren Anwendung auf die Sinnlichkeit der Verstandesgebrauch in der Erfahrung geleitet[1]) wird, so sind aus den drei Funktionen der Vernunftschlüsse durch ihre Anwendung „auf die synthetische Einheit der Anschauung nach Massgebung der Kategorien" die reinen Vernunftbegriffe, die transscendentalen Ideen, entsprungen, welche den Verstandesgebrauch nach Prinzipien bestimmen. Man unterscheidet aber drei Arten von Urteilen der Relation der Erscheinungen, nämlich das kategorische, das hypothetische und das disjunktive Urteil, dementsprechend drei Arten von Vernunftschlüssen, den kategorischen, den hypothetischen und den disjunktiven, und darauf gegründet ebenso viele Vernunftbegriffe, welche in sich fassen:[2])

1.) die Idee des vollständigen Subjekts (Substantiale);
2.) die Idee der vollständigen Reihe der Bedingungen;
3.) die Bestimmung aller Begriffe in der Idee eines vollständigen Inbegriffs des Möglichen; oder mit anderen Worten:
1.) die Idee der Seele;
2.) die Idee der Welt;
3.) die Idee von Gott.

Durch diese drei Ideen versuchte die alte Metaphysik die Objekte selbst zu erkennen und begründete durch sie die *psychologia rationalis*,[3]) die *cosmologia rationalis* und die *theologia transscendentalis*.[4])

Dass die Schlüsse aus jenen drei Ideen nur Scheinschlüsse sind, sucht Kant nachzuweisen und zwar:

1.) in dem Paralogismus,

---

[1] S. 378.
[2] Prolegom. S. 130.
[3] Christian Wolff schied die Psychologie in zwei Disziplinen, die er behandelte in „Psychologia empirica..." Francof. et Lips. 1732 und in „Psychologia rationalis, methodo scientifica pertractata, qua ea, quae de anima humana indubia experientiae fide constant, per essentiam et naturam animae explicantur," Francof. et Lips. 1734.
[4] S. 392.

2.) in der Antinomie,
3.) in dem Ideal der reinen Vernunft.

Wir haben uns hier mit dem Paralogismus zu beschäftigen. Auf der Idee der Seele, d. h. auf dem Ich, auf dem Selbstbewusstsein des Ich hatte sich die rationale Psychologie aufgebaut. Sie verstand unter Seele das Wesen in uns, das sich seiner selbst und anderer Dinge ausser sich bewusst ist; diesem Wesen legte sie nach Kants Auffassung vier Prädikate bei, durch welche sie die Betrachtung der Seele erschöpfen zu können glaubte, nämlich:

1.) die immaterielle Substanzialität,
2.) die Inkorruptibilität,
3.) die Personalität,
4.) die Immortalität.

Diese Begriffe der rationalen Psychologie sind nun nach Kant durch Paralogismen erschlichen. Zu Grunde liegt ihnen die „einfache und für sich selbst an Inhalt gänzlich leere Vorstellung Ich, von der man nicht einmal sagen kann,[1]) dass sie ein Begriff sei, sondern ein blosses Bewusstsein, das alle Begriffe begleitet." Auf das Ich als Subjekt beziehen sich alle Prädikate des inneren Sinnes, und es kann nicht als Prädikat eines anderen Subjekts gedacht werden,[2]) aber damit ist noch nicht das absolute Subjekt selbst, als Gegenstand in der Erfahrung, gegeben.

Wieso gelange ich zu der Annahme eines absoluten Subjekts?

Zu jedem Prädikate eines Dinges verlangt die reine Vernunft das zugehörige Subjekt und, da dies Subjekt selbst wieder[3]) ein Prädikat ist, das neue Subjekt dieses Prädikats und so fort, bis sie ein Subjekt erreicht, das nicht wieder Prädikat ist. Nun können wir aber durch die Erfahrung (vgl. oben S. 2) zu einem solchen unbedingten Subjekt nicht gelangen. Denn alles, was der Erfahrung noch zugänglich

---
[1]) S. 404.
[2]) Prolegom. S. 136.
[3]) Prolegom. S. 135.

ist. ist immer wieder Prädikat eines der Erfahrung zugänglichen Subjekts, das mithin stets weiter prädiziert werden kann. Ein Subjekt also, das unbedingt ist, das nach Absonderung aller Prädikate übrig bleibt, frei ist von allen Accidenzen, aber doch notwendig immer hinzugedacht werden muss, weil sonst dem Denken der Untergrund fehlen und so das Denken überhaupt zur Unmöglichkeit gemacht werden würde, das absolute Subjekt soll die Forderung der reinen Vernunft erfüllen.

Dieses absolute Subjekt, das selbst nicht als Prädikat eines anderen Dinges vorgestellt werden kann, ist nach der rationalen Psychologie in unserem Selbstbewusstsein enthalten, in unserem Ich, auf das sich alle Prädikate des inneren Sinnes beziehen.

Die rationale Psychologie glaubt nicht nur auf die Idee der Seele, sondern auch auf ihre Realität und auf ihr Wesen schliessen, aus den Erscheinungen des inneren Sinnes das objektive Wesen der Seele begreifen zu können. Aber es wird damit, lehrt Kant, eine blosse Abstraktion hypostasiert. Denn es ist nach ihm das Ich nichts anderes, als die Beziehung der inneren Erscheinungen auf das unbekannte Subjekt derselben.[1]) Unbekannt, weil ja das absolute Subjekt nicht aus der Erfahrung genommen werden, ihm also auch keine Erkennbarkeit zuerkannt werden kann. Ich kann es mir wohl denken, aber es folgt daraus noch nichts für seine Existenz. Der Satz des Cartesius giebt nach Kant durchaus keine Berechtigung zu der Annahme eines erkennbaren Objekts. Denn das „Ich denke" ist nichts als ein blosses Bewusstsein,[2]) das alle Begriffe begleitet, ohne welches uns allerdings keine Vorstellung, keine Zusammenfassung von Vorstellungen zur Einheit möglich wäre; es bildet die Voraussetzung für jedes Urteil oder enthält „die Form eines jeden Verstandesurteils überhaupt," wird aber dadurch noch

---

[1]) Prolegom. S. 136.
[2]) S. 401 und Kr. d. r. V. 1. Aufl. Riga 1781, S. 382.

gar nicht gegenständlich. „Nicht dadurch,[1]) dass ich bloss denke, erkenne ich irgend ein Object; sondern nur dadurch, dass ich eine gegebene Anschauung in Absicht auf die Einheit des Bewusstseins, darin alles Denken besteht, bestimme, kann ich irgend einen Gegenstand erkennen." Wenn also das „Ich denke" die formale Bedingung eines jeden Urteils ist, jeder Gegenstand des Denkens das Ich zur Grundlage hat, so kann doch das Ich nicht selbst etwas Erkennbares sein. Denn da, wie schon auseinandergesetzt wurde, alles Bedingte eine Bedingung, alles Erkennen aber das Ich voraussetzt, so muss dieses Ich selbst in Kantischem Sinne ganz über das Feld der Erfahrung hinausreichen, bedingungslos, unbedingt sein, weil es sonst eben nicht die oberste Bedingung sein könnte.

Ich erhalte daher zunächst einen apodiktischen und selbst identischen[2]) Satz, wenn ich sage, dass das denkende Ich als das letzte Subjekt des Denkens nicht als Prädikat eines anderen Dinges vorgestellt werden kann; daraus aber zu schliessen, dass das Ich als Substanz gegeben sei, ist falsch. Diese Erkenntnis liegt nach Kant ganz ausserhalb des Bereiches unserer Erfahrung, innerhalb deren zur Bestimmung der Substanz Anforderungen gestellt werden, die das Denken allein nicht befriedigt.

Zweitens erhalte ich einen analytischen Satz, wenn ich das Ich als logisch einfaches Subjekt, als Einheit bezeichne, die nicht Mannigfaltiges enthält, in keine Mehrheit zerlegt werden kann: denn dies enthält schon der Begriff des Denkens. Über diesen Begriff aber müsste ich hinausgehen und die Erfahrung zu Hilfe nehmen, um von dem denkenden Ich sagen zu können, es sei eine einfache Substanz.

Drittens ist der Satz, dass das Ich sich seiner Identität in allen seinen Vorstellungen bewusst sei, wiederum ein ana-

---

[1]) S. 406.
[2]) S. 407,

lytischer Satz. Um aber die Identität der denkenden Substanz in allem Wechsel der Zustände daraus zu schliessen, würde ich synthetische, auf Anschauung sich gründende Sätze brauchen.

Viertens endlich analysiere ich ebenfalls nur, wenn ich mich als denkendes Subjekt von anderen Dingen ausser mir, auch von meinem eigenen Körper unterscheide. Die Möglichkeit der vom Körper unabhängigen Existenz des denkenden Subjekts darf aber nicht gefolgert werden, wenn ich von der Existenz der Dinge ausser mir absehe.

Wir sehen also, dass die Zergliederung der Eigenschaften des Denkens nicht dazu beiträgt, das Denken selbst als greifbares Objekt uns anschaulich zu machen, für die Erkenntnis seiner selbst zu objektivieren. Freilich, wenn es möglich wäre, die Substanzialität des Ich, die Einfachheit, die Identität und Besonderheit der Substanz *a priori* zu beweisen, wenn wir somit das Gebiet der Erfahrung verlassen hätten und in das Feld der Noumenen[1]) getreten wären, dann würde dies „ein grosser, ja sogar der einzige Stein des Anstosses wider unsere ganze Kritik sein." Denn da der Satz: „Ein jedes denkende Wesen, als ein solches, ist einfache Substanz" ein synthetischer Satz *a priori* ist, so würde sich ergeben, dass dergleichen Sätze auch auf Dinge an sich gehen, nicht nur auf Gegenstände möglicher Erfahrung; demgemäss würde die rationale Psychologie ihre Schlüsse auf das objektive Wesen unserer Seele mit Recht ziehen.

Aber wenn wir genauer zusehen, sagt Kant, entdecken wir, dass die Vernunftschlüsse der rationalen Psychologie nur durch Paralogismen zu stande kommen.

Es besteht der Paralogismus nach Kant[2]) in der Falschheit eines Vernunftschlusses der Form nach, sofern der Fehler auf Irrtum beruht, obgleich er den Schein eines richtigen Schlusses für sich hat.

Ein solcher scheinbarer richtiger Schluss nun, der aber

---

[1] S. 409.
[2] Kant: Logik, hrsg. von Jäsche, Königsberg 1800, S. 210.

dadurch falsch ist, dass er eine versteckte *quaternio terminorum* enthält, weil der Mittelbegriff im Untersatze nicht denselben Sinn hat, wie im Obersatze, soll[1]) in folgendem Vernunftschlusse der rationalen Psychologie vorkommen:
Was nicht anders als Subjekt gedacht werden kann, existiert auch nicht anders als Subjekt, und ist also Substanz.
Nun kann ein denkendes Wesen, bloss als ein solches betrachtet, nicht anders als Subjekt gedacht werden.
Also existiert es auch nur als ein solches, d. i. als Substanz.

Es ist also, meint Kant, in diesem Syllogismus der Mittelbegriff in doppeltem Sinne gebraucht. Der Mittelbegriff aber ist jenes Etwas, das nur als Subjekt gedacht werden kann, nie als Prädikat eines anderen Dinges, es ist das absolute Subjekt. Während jedoch im Obersatze von einem in der Anschauung immerhin möglichen Gegenstande die Rede ist, hat der Untersatz nur das Ich, das unbedingte Subjekt, bei dem wir von jedem Objekt der Anschauung abstrahieren, im Auge; während der Substanz, wie sie der Obersatz auffasst, in der Anschauung etwas Beharrliches korrespondieren kann, schliesst derselbe Begriff des Untersatzes jede Beharrlichkeit aus, so dass mir dann nichts übrig bleibt als die logische Vorstellung des Subjekts ohne jede Beziehung auf die Anschauung. Will ich daher, dass die Substanz mir eine Erkenntnis verschaffe, mit anderen Worten, ein Objekt, das gegeben ist, real gegeben ist, gewähre, so ist eine beharrliche Anschauung die unentbehrliche Bedingung für diese objektive Realität des Begriffs Substanz. Da aber nur der Raum allein beharrlich besteht,[2]) bedarf ich einer Anschauung im Raume (der Materie).[3]) Nun giebt es in der inneren Anschauung gar nichts Beharrliches[4]). — denn das Ich ist nur das Be-

---

[1]) S. 410 ff.
[2]) Vgl. Krit. d. r. V. hrsg. von B. Erdmann, S. 212 Anmkg.: „Es scheint statt „bestimmt" wohl „besteht" heissen zu sollen."
[3]) S. 291.
[4]) S. 413.

wusstsein meines Denkens —, also kann auch das denkende Ich kein erkennbares Objekt, mithin keine Substanz sein. Es fehlt demgemäss dem Syllogismus das dem Ober- und Untersatze Gemeinsame, der Mittelbegriff, durch den der Schluss allein richtig hergestellt werden kann; und zwar heisst der Paralogismus *sophisma figurae dictionis*,[1]) weil der falsche Schluss durch die verschiedene Bedeutung des *medius terminus* in den Prämissen entstanden ist.

In der Anmerkung zu dieser Widerlegung weist Kant nach, dass auch die anderen Begriffe des Ober- und Untersatzes in verschiedener Bedeutung genommen sind.

Derselbe Fehler wird der rationalen Psychologie nach der Formulierung des Schlusses in der ersten[2]) Auflage der Kritik der reinen Vernunft vorgeworfen. Der Paralogismus der Substanzialität lautet hier:

Dasjenige, dessen Vorstellung das absolute Subjekt unserer Urteile ist, und daher nicht als Bestimmung eines anderen Dinges gebraucht werden kann, ist Substanz.

Ich als ein denkendes Wesen bin das absolute Subjekt aller meiner möglichen Urteile, und diese Vorstellung von mir selbst kann nicht zum Prädikat irgend eines anderen Dinges gebraucht werden.

Also bin ich als denkendes Wesen (Seele) Substanz.

Kant geht wiederum davon aus, dass der Begriff der Substanz gänzlich leer bleibt, wenn ihm nicht Anschauung zu Grunde gelegt wird. Wenn ich nun also auch das denkende Selbst[3]) (die Seele), als das letzte Subjekt des Denkens, das nicht wieder als Prädikat eines anderen Dinges vorgestellt werden kann, Substanz nenne, das Denken hingegen als Accidenz seines Daseins und Bestimmung seines Zustandes ansehe, so folgt daraus noch gar nicht, dass ein solcher Begriff von Substanz mir irgendwie von Nutzen sein könne.

---

[1]) Kant: Logik... S. 211.
[2]) S. 318.
[3]) Prolegom. S. 137.

Denn, um empirisch brauchbar zu sein, muss von dem Begriffe Substanz erst die Beharrlichkeit, dieses wesentliche[1]) und eigentümliche Kennzeichen der Substanz, nachgewiesen werden. Beharrlichkeit ist aber nur mit Hilfe der Erfahrung nachzuweisen, niemals aus dem Begriffe der Substanz als eines Dinges an sich. Da nun aber bei unserem Satze keine Erfahrung zu Grunde gelegt ist, sondern nur die Beziehung, die alles Denken auf das Ich hat, als das gemeinschaftliche Subjekt, dem es inhäriert, kann auch nicht auf ein denkendes Wesen, das für sich selbst fortdauert, weder entsteht, noch vergeht, geschlossen werden, nicht auf die Seele als beharrliche Substanz, als Substanz in der Realität, sondern nur als Substanz in der Idee.

Wenn daher nach Kant die rationale Psychologie die Substanzialität der Seele nicht nachgewiesen hat, so wird damit natürlich auch ihr Beweis der Einfachheit der Substanz hinfällig; denn von etwas, das nicht existiert, kann ich auch nichts aussagen; mithin ist das Ich zwar logisch bestimmbar als Einheit, aber dieses Attribut ist nicht anwendbar auf die Seele als Seelending. Zugegeben jedoch, dass die Seele ein einfaches Wesen sei, um zu beweisen, dass sie durch Zerteilung sich nicht auflösen könne, wie das Zusammengesetzte, sondern für sich ohne ihren Körper Bestand habe, unzerstörbar und beharrlich sei, so könnte man doch noch ein Aufhören ihres Daseins durch Verschwinden annehmen. Einer solchen Vernichtung der Seele tritt nun Mendelssohn in seinem Phädon[2]) entgegen, indem er die Beharrlichkeit der Seele nachzuweisen sucht. Eine absolute Vernichtung eines einfachen Wesens ist nach Mendelssohn, der hierin Leibniz folgt, überhaupt nicht möglich, weil, da es keine Teile, keine Vielheit in sich habe, auch nichts davon weggenommen, sein Dasein um nichts verringert werden könne, also ein allmähliches Aufgehen in nichts, ein Übergehen aus dem Sein in

---
[1]) S. 250.
[2]) Vgl. Mendelssohn: „Phädon oder über die Unsterblichkeit der Seele," 4. Aufl., Berlin u. Stettin 1776, S. 71 ff.

das Nichtsein ausgeschlossen sei. Es würde demgemäss nur plötzlich verschwinden können, es würde also zwischen einer Zeit, in der es existierte, und einer Zeit, in der es nicht existierte, keine Zwischenzeit geben: dies sei aber unmöglich, da zwischen zwei Zeitpunkten immer eine Zeit sein müsse, in der der Übergang aus dem einen Zustande in den anderen geschehe. Mithin könne ein einfaches Wesen weder allmählich durch Zerteilung, noch plötzlich durch Verschwinden aufhören, sei also beharrlich, folglich sei auch die Seele als einfaches Wesen beharrlich.

Was übersah aber nach Kant Mendelssohn in diesem Beweise? Wenn wir auch, meint Kant, mit Mendelssohn voraussetzen, dass die Seele ein einfaches Wesen sei, nicht zerteilt werden könne, keine Bestandteile in sich fasse, unzusammengesetzt sei, also keine extensive Grösse enthalte, so müsste man doch dem Einfachen, wie überhaupt allem Existierenden, intensive Grösse zusprechen. „Das Reale[1]) in der Erscheinung hat jederzeit eine Grösse, welche aber nicht in der Apprehension angetroffen wird, indem diese vermittelst der blossen Empfindung in einem Augenblicke und nicht durch successive Synthesis vieler Empfindungen geschieht und also nicht von den Theilen zum Ganzen geht: es hat also zwar eine Grösse, aber keine extensive. Nun nenne ich diejenige Grösse, die nur als Einheit apprehendirt wird, und in welcher die Vielheit nur durch Annäherung zur Negation = 0 vorgestellt werden kann, die intensive Grösse. Also hat die Realität in der Erscheinung intensive Grösse, d. i. einen Grad . . . So[2]) hat demnach jede Empfindung, mithin auch jede Realität in der Erscheinung, so klein sie auch sein mag, einen Grad, d. i. eine intensive Grösse, die noch immer vermindert werden kann, und zwischen Realität und Negation ist ein continuirlicher Zusammenhang möglicher Realitäten und möglicher kleiner Wahrnehmungen." So würde auch die

---

[1]) S. 210.
[2]) S. 211.

einfache Substanz der Seele durch unendlich viele Zwischenstufen in continuirlicher Veränderung allmählich abnehmen, durch „Elanguescenz" in nichts verwandelt werden können. Es folge dies daraus, dass ja auch das Bewusstsein selbst, da es unendlich viele Grade des Bewusstseins bis zum Verschwinden gebe, jederzeit einen Grad habe, der immer noch vermindert werden könne, folglich auch das Vermögen sich seiner bewusst zu sein, und so alle übrigen Vermögen.

Aus dem Begriffe der Seele also als Substanz können wir nur zum Behuf möglicher Erfahrung auf Beharrlichkeit schliessen, nicht aber, wenn wir sie als Ding an sich selbst und über alle mögliche Erfahrung[1]) hinaus betrachten. Abgesehen von aller Erfahrung hat das Gesetz der Beharrlichkeit keine Geltung, mithin kann die Beharrlichkeit[2]) der Seele nach dem Tode des Menschen — der Tod das Ende aller Erfahrung — nicht dargethan werden, wie die rationale Psychologie dies zu leisten vermeint.

In einer Anmerkung zu der Widerlegung des Mendelssohnschen Beweises der Beharrlichkeit der Seele wendet sich Kant gegen die Rationalisten, welche darauf fussend, dass ihre Voraussetzungen keinen Widerspruch zeigten, („wie diejenigen insgesammt sind, die die Möglichkeit des Denkens, wovon sie nur bei den empirischen Anschauungen im menschlichen Leben ein Beispiel haben, auch nach dessen Aufhörung einzusehen glauben.") mit neuen Möglichkeiten operierten. Diesen, meint Kant, könnte man ebenso gut andere nicht minder kühne Möglichkeiten entgegenstellen. Eine solche Möglichkeit wäre die der Teilung einer einfachen Substanz in mehrere Substanzen und umgekehrt die Koalition mehrerer in eine einfache. Kant bezeichnet zwar selbst solche Annahmen als Hirngespinste ohne den mindesten Wert, giebt aber dem Materialisten das-

---

[1]) Prolegom. S. 138.
[2]) Vgl. B. Erdmann: Reflexionen Kants zur Kr. d. r. V., Leipz. 1884, S. 379, No. 1322: „Die Seele ist in der transscendentalen Apperception *substantia noumenon;* daher keine Beharrlichkeit derselben in der Zeit, und diese kann nur an Gegenständen im Raume sein."

selbe Recht wie dem Idealisten, ohne die Hilfe der Erfahrung
Möglichkeiten aufzustellen, wie das in diesen Gedachte auch
anders sein könnte. „Wenn[1]) aber der Rationalist," sind seine
Worte, „aus dem blossen Denkungsvermögen ohne irgend eine
beharrliche Anschauung, dadurch ein Gegenstand gegeben
würde, ein für sich bestehendes Wesen zu machen kühn genug
ist, bloss weil die Einheit der Apperception im Denken ihm
keine Erklärung aus dem Zusammengesetzten erlaubt, statt
dass er besser thun würde zu gestehen, er wisse die Möglichkeit einer denkenden Natur nicht zu erklären, warum soll der
Materialist, ob er gleich ebenso wenig zum Behuf seiner
Möglichkeiten Erfahrung anführen kann, nicht zu gleicher
Kühnheit berechtigt sein, sich seines Grundsatzes mit Bei-
behaltung der formellen Einheit des ersteren zum entgegengesetzten Gebrauche zu bedienen?"

Die rationale Psychologie wird, wenn sie mit dem Satze:
„alle denkenden Wesen sind als solche Substanzen" von der
Kategorie der Relation ausgehend Synthesis anwendet, nach
Kant unvermeidlich zum Idealismus gelangen, wenigstens zum
problematischen, d. h. zu einem Idealismus, der „das Unver-
mögen,[2]) ein Dasein ausser dem unsrigen durch unmittelbare
Erfahrung zu beweisen, vorgiebt." zu dem Idealismus des
Cartesius, der nur eine empirische Behauptung, nämlich das „Ich
bin" für unzweifelhaft erklärt. Bei dem analytischen Verfahren aber würde die rationale Psychologie, da der Satz „Ich
denke," welcher schon ein Dasein in sich schliesst, gegeben
ist, von der Kategorie der Modalität ausgehend das „Ich denke"
zergliedern und untersuchen, ob über das Ich selbst dadurch
etwas kennen gelernt würde. Bei diesem Verfahren hätte sie
jedoch nicht den Begriff des denkenden Wesens überhaupt zu
Grunde zu legen, sondern auf die Erfahrung zurückzugehen,
so dass sie nach Absonderung des in der Erfahrung Gegebenen
folgende Tafel[3]) von dem, was einem denkenden Wesen über-

[1]) S. 417.
[2]) S. 275.
[3]) S. 419.

haupt zukommt, aufstellen könnte: 1. Ich denke. 2. als Subjekt. 3. als einfaches Subjekt. 4. als identisches Subjekt in jedem Zustande meines Denkens. Es ist aber der zweite Satz in Hinsicht auf den Subjektsbegriff und seine Substanzialität gar nicht näher bestimmt, da nicht gesagt ist, ob von dem Subjekt als letztem Subjekt die Rede ist oder von einem, das noch als Prädikat eines anderen Dinges existieren und gedacht werden könne: es ist daher hier nur das logische Subjekt anzunehmen. Der dritte Satz enthält schon mehr. Dem Subjekt wird Einfachheit beigelegt. Einheit der Apperception. Erfahre ich dadurch auch nichts Näheres über das Subjekt selbst, so ist doch „die Apperception etwas Reales, und die Einfachheit derselben liegt schon in ihrer Möglichkeit." Da jedoch im Raume alles zusammengesetzt ist, da es nichts Reales giebt, das einfach und unteilbar wäre, so ist damit bewiesen, dass der Materialismus nicht im stande ist, das Ich, als bloss denkendes Subjekt, zu erklären. Ebenso wenig vermag dies aber der Spiritualismus. Denn wenn auch der erste Satz empirisch ist, da durch ihn ausgesagt wird: ich existiere denkend, so wird doch dadurch meine Existenz nur „in Ansehung meiner Vorstellungen in der Zeit" bestimmt. Da aber das Beharrliche das Substratum der empirischen Vorstellung der Zeit selbst ist, an welchem alle Zeitbestimmung[1]) allein möglich ist, da ferner meine innere Anschauung der Beharrlichkeit ganz und gar entbehrt, so folgt daraus, dass aus der Einfachheit des Selbstbewusstseins auf die Existenz des Ich als Substanz oder als Accidenz gar nicht zu schliessen ist. Dazu kommt, dass wir die Einfachheit des Selbstbewusstseins uns erst gebildet haben, um die Erfahrung zu ermöglichen, um die Erscheinungen des Ich zu begreifen.

Es ist daher weder der Materialismus, noch der Spiritualismus zureichend, um „von der Beschaffenheit unserer Seele, die die Möglichkeit ihrer abgesonderten Existenz überhaupt betrifft, irgend etwas erkennen" zu können. Kant

---

[1]) S. 226.

glaubt also, die rationale Psychologie als Doktrin, vermöge deren wir unsere Selbsterkenntnis erweitern, aufgelöst zu haben, aber er lässt ihr noch Raum als Disziplin, die die spekulative Vernunft hindern soll, ihre Grenzen zu überschreiten, damit sie sowohl den Materialismus, wie den Spiritualismus als unzureichende Erklärungsweisen wirksam zurückzuweisen vermöge. Neben diesem negativen Nutzen aber soll die rationale Psychologie als Disziplin noch einen positiven gewähren, indem sie uns lehrt, unsere Selbsterkenntnis „von der fruchtlosen überschwenglichen Speculation zum fruchtbaren praktischen Gebrauche anzuwenden, welcher, wenn er gleich auch nur immer auf Gegenstände der Erfahrung gerichtet ist, seine Principien doch höher hernimmt, und das Verhalten so bestimmt, als ob unsere Bestimmung unendlich weit über die Erfahrung, mithin über dieses Leben hinaus reiche."

Der Paralogismus der Einfachheit, der „Achilles[1]) aller dialektischen Schlüsse der reinen Seelenlehre," lautet nach der ersten[2]) Auflage der Kr. d. r. V.:

Dasjenige Ding, dessen Handlung niemals als die Concurrenz vieler handelnden Dinge angesehen werden kann, ist **einfach**.

Nun ist die Seele oder das denkende Ich ein solches.

Also u. s. w.

Wie in der Natur, so erläutert Kant den Schluss der rationalen Psychologie, aus dem Zusammenwirken vieler Substanzen, aus denen eine zusammengesetzte Substanz besteht, eine einheitliche Wirkung entstehen kann, so müsste auch, wenn die Seele nicht einfach wäre, sondern aus einer Anzahl denkender Subjekte zusammengesetzt, das Zusammengesetzte denken können, aus den verschiedenen Vorstellungen der

---

[1]) In wie später Zeit Kant noch den Standpunkt dieses Schlusses theilte und wie er ihm daher mit Recht obige Benennung geben konnte, geht aus den Manuscripten hervor, deren Inhalt B. Erdmann eingehend erörtert in den „Mittheilungen über Kants metaphysischen Standpunkt in der Zeit um 1774." (Philos. Monatshefte, XX. Bd., 1884. S. 85.)

[2]) S. 351.

verschiedenen Subjekte also ein Gedanke entspringen können. Wäre dies aber der Fall, dann müsste ein jeder Teil des Zusammengesetzten einen Teil des Gedankens, alle zusammengenommen aber müssten den Gedanken im ganzen enthalten. Wie jedoch viele einzelne Wörter als solche nie einen Vers geben, ebenso wenig können verschiedene Vorstellungen in verschiedenen Subjekten einen Gedanken geben. Dem Zusammengesetzten kann daher der Gedanke nicht inhärieren, sondern es erfordert die Einheit des Gedankens die schlechthinnige Einfachheit des zu Grunde liegenden denkenden Wesens, der Seele.

Diese Deduktion ist nach Kant falsch. Denn es lässt sich nach ihm der Satz, dass, um einen Gedanken auszumachen, viele Vorstellungen in der absoluten Einheit des denkenden Subjekts enthalten sein müssen, aus Begriffen nicht nachweisen. Es ist kein analytischer Satz, dass nur die absolute Einheit des denkenden Subjekts Erzeugerin eines Gedankens sein könne. Denn es giebt auch Gedanken, welche aus vielen Vorstellungen bestehen. Die Einheit derselben aber, welche kollektiv ist, setzt weder nach dem Satze der Identität eine einfache Substanz mit Notwendigkeit voraus, noch auch lässt sich aus der Erfahrung. — „denn diese giebt keine Nothwendigkeit zu erkennen" — die notwendige Einheit des Subjekts ableiten. Dagegen beruht der Schluss nach Kants Ansicht offenbar nur auf dem formalen Satze der Apperception: „Ich denke". Wenn man sich nämlich ein denkendes Wesen vorstellen will, muss man sich selbst an dessen Stelle setzen, dem zu erwägenden Objekt also sein eigenes Subjekt unterschieben. „Ich denke" könnte aber nicht gesagt werden, wenn nicht absolute Einheit des Subjekts zu einem Gedanken unbedingt nötig wäre: denn das subjektive Ich, das wir doch bei allem Denken voraussetzen, kann nicht geteilt und verteilt werden, wenn wir auch das Ganze des Gedankens teilen und unter viele Subjekte verteilen können.

Das „Ich denke" selbst ist jedoch keine Erfahrung, sondern die jeder Erfahrung anhängende und ihr vorhergehende Form der Apperception, die nur als subjektive Bedingung unserer Erkenntnis angesehen werden kann, nicht aber zu einem Begriffe von denkenden Wesen überhaupt gemacht werden darf. Der Satz: „Ich bin einfach" kann auch nicht aus dem Satze: „Ich denke" erschlossen werden, sondern ist schon in ihm enthalten. „Ich bin einfach" ist ein tautologischer Satz und hat, wie der Cartesianische: „*Cogito, ergo sum*", nur subjektive oder logische Bedeutung. Dadurch dass ich durch das Ich eine absolute, aber logische Einheit des Subjekts denke, dass die Vorstellung des Subjekts einfach ist, erkenne ich noch nicht die wirkliche Einfachheit des Subjekts selbst. Denn da der Ausdruck „Ich" ganz inhaltslos ist, kann ich ihm auch keine Eigenschaften beilegen, sondern muss gänzlich davon absehen.

Ihren vermeintlichen Beweis von der Einfachheit der Seele hält die rationale Psychologie deshalb für so wichtig, weil sie dadurch auch die Unkörperlichkeit der Seele beweist und so die Seele, als einfaches Wesen, von der Materie, als zusammengesetztem Wesen, unterscheidet. Wenn aber der Beweis der Einfachheit auch stichhaltig wäre, so würde trotzdem nach Kant nicht davon Gebrauch gemacht werden können, um Seele und Materie von einander zu unterscheiden. Denn in Kantischem Sinne ist ja die Materie nicht Ding an sich, sondern bloss Erscheinung unseres äusseren Sinnes von einem uns unbekannten Substrat. Die Seele nun können wir äusserlich nicht anschauen, die Seele kann keine Erscheinung des äusseren Sinnes sein, ist also in dieser Hinsicht wohl von der Materie zu unterscheiden. Es wäre jedoch möglich, dass das uns unbekannte Substrat der Erscheinungen, welches unseren äusseren Sinn so affiziert, dass in uns die Vorstellungen von Raum, Materie, Gestalt u. s. w. hervorgebracht werden, „auch zugleich das Subject[1]) der Gedanken" sein könnte. Diesem unbekannten Substrat aber könnten wir weder das Prädikat der Ausgedehntheit, noch der Undurchdringlichkeit, noch der

---

[1]) 1. Aufl. S. 358.

Zusammengesetztheit beilegen: denn diese Prädikate kommen nur äusseren Erscheinungen zu. Wir müssten also dann auch dem unbekannten Substrat der Materie Einfachheit zuerkennen, müssten zugestehen, dass ihm Gedanken beiwohnen können, dass es denken könne, sich schliesslich von dem denkenden Ich „irgend¹) worin innerlich" nicht unterscheide. „Auf solche Weise²) würde eben dasselbe, was in einer Beziehung körperlich heisst, in einer anderen zugleich ein denkendes Wesen sein, dessen Gedanken wir zwar nicht, aber doch die Zeichen derselben in der Erscheinung anschauen können. Dadurch würde der Ausdruck wegfallen, dass nur Seelen (als besondere Arten von Substanzen) denken; es würde vielmehr wie gewöhnlich heissen, dass Menschen denken, d. i. eben dasselbe, was als äussere Erscheinung ausgedehnt ist, innerlich (an sich selbst) ein Subject sei, was nicht zusammengesetzt, sondern einfach ist, und denkt."

Demnach glaubt Kant der rationalen Psychologie gegenüber nachgewiesen zu haben, dass das einfache Bewusstsein uns die Kenntnis der einfachen Natur des Subjekts, insofern dasselbe dadurch von der Materie als einem zusammengesetzten Wesen unterschieden werden soll, nicht erschliesst, dass somit auch der „Achilles aller dialektischen Schlüsse der reinen Seelenlehre" unsere Einsicht von dem innersten Wesen des Seelensubstrats nicht vermehrt.

Der dritte Paralogismus, welchen Kant den der Personalität nennt, hat folgende³) Form:

Was sich der numerischen Identität seiner selbst in verschiedenen Zeiten bewusst ist, ist so fern eine Person.

Nun ist die Seele u. s. w.

Also ist sie eine Person.

Das Wesen der Persönlichkeit ist, dass sie sich ihrer selbst in ihren verschiedenen Zuständen bewusst ist und zwar

---

¹) 1. Aufl. S. 360.
²) ibid. S. 359. 360.
³) ibid. S. 361 f.

bewusst als eines und desselben Subjekts. Bei meinem Selbstbewusstsein ist dies nun der Fall, und es scheint, als ob die Personalität der Seele mit dem Selbstbewusstsein ganz identisch wäre. Aber, meint Kant, nur in meinem eigenen Bewusstsein ist die Identität der Person unausbleiblich anzutreffen. Abgesehen jedoch davon, dass ich damit nur ein analytisches Urteil erhalte, ist diese Überzeugung ganz subjektiv; um sie zu einer objektiven zu machen, muss ich von dem Standpunkt eines Fremden ausgehen, muss mich zum Gegenstand der äusseren Anschauung eines anderen machen.

Der fremde Beobachter nun, der mich allererst in der Zeit betrachtet, betrachtet mich doch in der Zeit, die er in seiner Sinnlichkeit antrifft, nicht aber in meiner eigenen, wird also sein Bewusstsein und meines nicht als identisch hinstellen können, wird auch, aus meinem Ich nicht auf die objektive Beharrlichkeit meiner selbst schliessen können; denn die Beharrlichkeit ist nie anwendbar auf innere Veränderungen, ist nur ein Gegenstand äusserer Erfahrung.

Wie bei den beiden ersten Paralogismen gelangt also Kant wieder zu dem Schlusse, dass nur durch einen Paralogismus der Seele die Personalität beigelegt wird. Wenn auch die logische Identität meines Subjekts klar vor Augen liege, die schon aus blosser Analysis folgt, so sei damit durchaus noch nicht die Identität der Person erwiesen, „wodurch[1]) das Bewusstsein der Identität seiner eigenen Substanz als denkenden Wesens in allem Wechsel der Zustände verstanden wird." Durch einen transscendentalen, unabsichtlichen Schein lässt Kant die rationale Psychologie das denkende Ich zu einem gedachten Gegenstande, aus der Seele ein erkennbares Objekt machen, im dritten Paralogismus also zu einer persönlichen, stets mit sich identischen Substanz."[2])

---

[1]) S. 408.
[2]) Auch Locke in seinem „Versuch über den menschlichen Verstand," übers. von W. G. Tennemann, Leipzig 1795—1797, lib. II, cap. 27, sucht nachzuweisen, dass das Ich und die Seelensubstanz von einander

Den vierten Paralogismus, den der Idealität (des äusseren Verhältnisses), formuliert[1]) Kant folgendermassen:

Dasjenige, auf dessen Dasein nur als einer Ursache zu gegebenen Wahrnehmungen geschlossen werden kann, hat eine nur zweifelhafte Existenz.

Nun sind alle äusseren Erscheinungen von der Art, dass ihr Dasein nicht unmittelbar wahrgenommen, sondern auf sie als die Ursache gegebener Wahrnehmungen allein geschlossen werden kann.

Also ist das Dasein aller Gegenstände äusserer Sinne zweifelhaft.

Die Ungewissheit, die sich in diesem Schlusse ausspricht, nennt Kant die Idealität äusserer Erscheinungen, die Lehre von dieser Idealität Idealismus, die Behauptung einer möglichen Gewissheit von Gegenständen äusserer Sinne Dualismus. Mit Recht hat Cartesius, wie Kant auseinandersetzt, den Satz aufgestellt, dass, während mir alles ungewiss erscheine, Eins gewiss sei, mein Denken selbst, und also meine Existenz. „*Cogito, ergo sum,*" ist ein Fundamentalsatz, der notwendig wahr ist, der zu seiner Erkenntnis keiner Mittelvorstellung bedarf, demnach kein Schluss, sondern eine unmittelbare Wahrnehmung ist. Jedes andere Dasein aber ausser dem meines Denkens, also alle Dinge ausser mir können erst durch eine vermittelte Wahrnehmung erkannt werden, mithin kann ihr Dasein nur erschlossen werden als die gegebene Wirkung einer bestimmten Ursache. Ein solcher Schluss ist nun, da ja die Wirkung aus mehr als einer Ursache entsprungen sein

---

zu trennen seien, dass die Identität der Person (vgl. § 19, S. 205 f.) nicht in der Identität der Substanz, sondern in der des Bewusstseins bestehe. „Das Selbst (vgl. § 23, S. 212) wird also nicht durch die Identität oder Verschiedenheit der Substanz, deren man sich nicht versichern kann, sondern allein durch die Einheit des Bewusstseins bestimmt." Aufmerksam gemacht auf diese und ähnliche Beziehungen Lockes zu Kant hat schon M. W. Drobisch in seiner Abhandlung „Über Locke, den Vorläufer Kants" (Zeitschr. f. exakte Philos. 2. Bd., Leipzig 1862.)
[1]) 1. Aufl. S. 366. 367.

kann, stets zweifelhaft, folglich ist auch das Dasein aller
Dinge ausser mir zweifelhaft.

Diese Lehre, welche das Dasein äusserer Gegenstände
nicht leugnet, sondern nur für zweifelhaft und unerweislich
erklärt, nennt Kant den empirischen Idealismus, oder auch,
wie er in der zweiten[1]) Auflage der Kritik der r. V. bei der
„Widerlegung des Idealismus" sagt, den problematischen.
Der problematische Idealismus ist nach Kant „vernünftig[2])
und einer gründlichen philosophischen Denkungsart gemäss,
nämlich bevor ein hinreichender Beweis gefunden worden,
kein entscheidendes Urtheil zu erlauben." Von diesem Idealismus unterscheidet Kant den transscendentalen,[3]) welchen
er, um Missdeutungen zu verhüten, in den Prolegomenen[4])
lieber den kritischen genannt wissen will, den er als seine
eigene Theorie aufstellt, da er sich für dieselbe schon im
Anfange erklärt habe. Feierlichst verwahrt er sich[5]) gegen

---

[1]) S. 274. Vgl. auch über Kants Schwanken in der Benennung des
Idealismus „Nachträge zu Kants Kr. d. r. V." Aus Kants Nachlass hrsg.
von Benno Erdmann, Kiel 1881, S. 19.

[2]) S. 275.

[3]) Diese Benennung des Idealismus findet sich erst hier bei der
Kritik des 4. Paralogismus, wenn auch Kant schon vorher in der Aesthetik (2. Aufl. S. 44) von der „transscendentalen Idealität" des Raumes
und der Zeit gesprochen hat. Vgl. darüber B. Erdmann in der Einltg.
zu Kants Prolegom. (Leipzig 1878). S. XLIV und in „Kants Kriticismus
in der 1. und in der 2. Aufl. der Kr. d. r. V.", Leipzig 1878. S. 66. Beistimmend äussert sich H. Vaihinger in „Zu Kants Widerlegung des
Idealismus" S. 115. (Strassburger Abhdlgn. zur Philos. Freiburg i/B. u.
Tübingen, 1884). Die Einwürfe, welche Emil Arnoldt in „Kants Prolegomena nicht doppelt redigirt." Berlin 1879. S. 57 gegen Erdmanns
Ausführungen erhebt, sind unberechtigt, insofern Erdmann a. a. O. selbst
darauf aufmerksam macht, dass Kant schon in der transscendentalen
Aesthetik (2. Aufl. S. 59) seinem zusammenfassenden Gedanken über die
Grundbeschaffenheit der sinnlichen Erkenntnis eine doppelte Wendung
giebt, erstens eine kritische, zweitens eine idealistische . . . . dass
also, trotzdem obiger Ausdruck sich erst in der Dialektik findet, die Einheitlichkeit von Kants Lehrbegriff dadurch keine Einbusse erleidet.

[4]) Prolegom. S. 71.

[5]) ibid. S. 70.

die Verwechslung seines kritischen Idealismus mit dem empirischen des Cartesius oder dem mystischen und schwärmerischen des Berkeley, den er an anderer[1]) Stelle den dogmatischen nennt. Denn gerade durch seinen transscendentalen oder kritischen Idealismus vermeint ja Kant den empirischen zu stürzen: auf diesem aber beruht die rationale Psychologie: vernichtet er also den empirischen Idealismus, dann vernichtet er auch die rationale Psychologie.

Der transscendentale Idealismus aller Erscheinungen aber ist nach ihm der Lehrbegriff, durch welchen wir sie insgesamt als blosse Vorstellungen, nicht als Dinge an sich selbst, ansehen, wonach also auch Zeit und Raum nur sinnliche Formen unserer Anschauung sind, nicht aber für sich gegebene Bestimmungen oder Bedingungen der Objekte als Dinge an sich selbst. Den Gegensatz zu dieser Lehre bildet der transscendentale Realismus, der alle äusseren Erscheinungen als Dinge an sich selbst erklärt, als unabhängig von unserer Vorstellung, als ausser uns auch nach reinen Verstandesbegriffen, ebenso Raum und Zeit als unabhängig von unserer Sinnlichkeit, als etwas an sich Gegebenes, als gegebene Bestimmungen der Objekte. Jedoch muss der transscendentale Realismus schliesslich dem empirischen Idealismus seinen Platz einräumen. Denn ausgehend von der falschen Voraussetzung, dass die Gegenstände der äusseren Sinne auch abgetrennt von den Sinnen Existenz mit sich führen, behauptet er dann, dass unsere Sinne nicht imstande seien, sich des wirklichen Daseins der äusseren Erscheinung zu vergewissern, deren Existenz mit Sicherheit nachzuweisen. Der transscendentale Idealismus aber wird zum empirischen Realismus oder auch Dualismus, insofern er das Dasein der Materie für gewiss erklärt, nämlich für ebenso gewiss als mein eigenes Dasein. Denn ohne mein eigenes Dasein ist auch die Materie nichts, da ja die Materie und sogar deren

---

[1]) S. 274.

innere Möglichkeit bloss Erscheinung ist, welche äussere Anschauung genannt wird, nicht „als ob sie sich auf an sich selbst äussere Gegenstände" bezöge, sondern weil sie Wahrnehmungen auf den Raum bezieht, in welchem alles ausser einander, er selbst aber, der Raum, in uns ist. Ebenso also, wie ich selbst existiere, und wie diese meine Existenz auf dem unmittelbaren Zeugnis meines Selbstbewusstseins beruht, so auch existieren Körper ausser mir und werden unmittelbar wahrgenommen. Da die Vorstellung des Ich aber das denkende Subjekt bedeutet, so kann sie nur auf den inneren Sinn, die Vorstellung der Körper, da sie ausgedehnte Wesen, also im Raume befindlich, bedeuten, nur auf den äusseren Sinn bezogen werden. Beide nun, sowohl der Gegenstand des inneren, als auch die Gegenstände des äusseren Sinnes sind nichts als blosse Erscheinungen, d. h. Vorstellungen, deren wirkliche Existenz nicht erst zu erschliessen notwendig, sondern durch unmittelbare Wahrnehmung schon bewiesen ist. Diese Gewissheit fehlt natürlich dem transscendentalen Realismus, weil er, wie schon erwähnt, die Erscheinungen hypostasiert, weil er die wirkliche Existenz von Körpern, losgelöst von unserer Vorstellung, annimmt. Daher bedingt er notwendig den empirischen Idealismus, d. h. wenn wir zugestehen, dass es Dinge ausser unserer Vorstellung giebt, so folgt daraus noch gar nicht, dass, wenn wir die Vorstellung haben, dieser ein wirklich existierender Gegenstand entsprechen müsse; mithin wird der empirische Idealist immer nur eine zweifelhafte Vorstellung von dem Dasein äusserer Gegenstände haben, die Wirklichkeit derselben niemals sicher beweisen können. Ein solcher Beweis müsste auf dem Schlusse von der Wirkung auf die Ursache beruhen; da es aber dabei unsicher bliebe, ob die Ursache in oder ausser uns sei, so würde auch der Beweis ein zweifelhafter sein. Zugegeben aber, dass „von unseren äusseren Anschauungen etwas, was im transscendentalen Verstande ausser uns sein mag, die Ursache sei," so würde uns dies nichts nützen: denn, wenn wir uns Materie und körperliche Dinge vorstellen, so verstehen wir darunter nicht den transscendentalen Gegenstand, sondern lediglich Erscheinungen, „d. i. blosse Vorstellungsarten, die sich jederzeit nur in uns befinden und deren Wirklichkeit auf dem unmittelbaren Bewusstsein ebenso wie das Bewusstsein meiner eigenen Gedanken beruht. Der transscendentale[1]) Gegenstand ist sowohl in Ansehung der inneren als äusseren Anschauung gleich unbekannt." Mit diesen transscendentalen Gegenständen haben wir nichts zu thun, sondern nur mit den empirisch-äusseren, d. h. denen, die uns im Raume begegnen, und den empirisch-inneren, d. h. denen, die wir uns nur in der Zeit vorstellen.

Der transscendentale oder kritische Idealismus hebt also nach Kant den problematischen des Cartesius wirklich auf, indem er das Dasein aller Gegenstände des äusseren Sinnes, d. h. nur als Erscheinungen oder als unserer Vorstellungen unmittelbar beweist, und nicht erst durch einen Schluss nach dem Causalitätsgesetze, der nur eine zweifelhafte Erkenntnis geben würde.

Damit wäre auch die *propositio minor* des sogenannten vierten Paralogismus der Idealität als falsch nachgewiesen und somit der ganze Schluss als fehlerhaft.

---

[1]) 1. Aufl. S. 372.

II.
Würdigung.

In seiner Schrift über Kants Psychologie behauptet J. B. Meyer[1]), dass sich in dem Paralogismus der Substanzialität, wie ihn Kant darstelle, der Schlusssatz wohl begründet aus den vorausgeschickten Prämissen ergebe. Der Irrtum stecke im Inhalt des Obersatzes, in der Behauptung: „was nicht anders als Subjekt gedacht werden kann, existiert auch nicht anders als Subjekt, und ist also Substanz". Wäre dieser Satz zulässig, so wäre nach Meyer auch der ganze Vernunftschluss richtig, so läge ein Trugschluss gar nicht vor.

Dieser Einwand ist nicht begründet.

Die Richtigkeit des Obersatzes vorausgesetzt, muss dennoch Kant nach seinem Begriffe von Substanz mit vollem Recht einen Trugschluss annehmen. Er verweist selbst zur Bestätigung seiner Auflösung[2]) des berühmten Arguments in einen Paralogismus auf die „allgemeine[3]) Anmerkung zum System der Grundsätze" und den Abschnitt „von dem Grunde[4]) der Unterscheidung aller Gegenstände überhaupt in Phänomena und Noumena". Denn es ist der Mittelbegriff wirklich in verschiedener Bedeutung gefasst. Unter dem „Subjekt" des Obersatzes versteht Kant ein solches, das Realität besitzt, ein real Existierendes, eine beharrliche Anschauung ist; wenn aber der Untersatz lautet: „ein denkendes Wesen, bloss als

---
[1]) Jürgen Bona Meyer: Kants Psychologie, Berlin 1870, S. 230 ff.
[2]) S. 412.
[3]) Vgl. S. 288 ff.
[4]) S. 294 ff.

ein solches betrachtet, kann nicht anders als Subjekt gedacht werden", so sieht Kant — und kann nach seiner Lehre nur so urteilen — in dem „Subjekt" nur das logische Subjekt, das Subjekt des Denkens, das nie Objekt der Anschauung werden kann, von dem wir also auch keine Erkenntnis haben können. Es ist daher nicht notwendig, mit Meyer dem Schlusse der rationalen Psychologie eine andere Form zu geben, um einen Paralogismus zu erhalten. So wie Kant den Schluss darstellt, ist er ein Paralogismus, ruft er durch die scheinbar richtige Form in uns unwillkürlich den Schein hervor, als könne das denkende Ich, das nur der Begleiter aller Begriffe, nur die formale Bedingung zu jeder Erkenntnis ist, auch Objekt einer möglichen Erkenntnis sein, gleich einem erkennbaren Gegenstande bestimmt sein, also objektive, wirklich existierende, nicht bloss gedachte Substanz sein. Aber nur in Kantischem Sinne hat die Bezeichnung des Schlusses der rationalen Psychologie als Paralogismus Berechtigung, insofern Kant die Substanz in zweifacher Bedeutung nimmt. Denn Kant unterscheidet: „... Allein[1]) mit dem, was in der Erscheinung Substanz heisst, ist es nicht so bewandt, als man es wohl von einem Dinge an sich selbst durch reinen Verstandesbegriff denken würde. Jenes ist nicht absolutes Subject, sondern beharrliches Bild der Sinnlichkeit, und nichts als Anschauung, in der überall nichts Unbedingtes angetroffen wird." Im Gegensatz zur rationalen Psychologie sind bei Kant *substantia phaenomenon* und *substantia noumenon* gänzlich von einander zu scheiden: die letztere ist wohl die Ursache der Erscheinung und die Bedingung des Denkens, darf aber nicht selbst als Erscheinung, als erkennbares Objekt angesehen werden, wie es die rationale Psychologie in ihrer Selbsttäuschung thut. Nur das Gebiet der Erscheinungen vermag uns, lehrt Kant, Erkenntnisse zu liefern, was aber der Erscheinung zu Grunde liegt, ist uns gänzlich unerkennbar. „Wären Erscheinungen Dinge[2]) an sich selbst, so würde kein

---
[1]) S. 553 ff.
[2]) S. 235.

Mensch aus der Succession der Vorstellungen von ihrem Mannigfaltigen ermessen können, wie dieses in dem Object verbunden sei. Denn wir haben es doch nur mit unseren Vorstellungen zu thun; wie Dinge an sich selbst (ohne Rücksicht auf Vorstellungen, dadurch sie uns afficiren) sein mögen, ist gänzlich ausser unserer Erkenntnisssphäre". „Allein Erscheinungen", heisst es an anderer[1]) Stelle, „sind nur Vorstellungen von Dingen, die nach dem, was sie an sich sein mögen, unerkannt da sind". „Was[2]) die Dinge an sich sein mögen, weiss ich nicht, und brauche es auch nicht zu wissen, weil mir doch niemals ein Ding anders als in der Erscheinung vorkommen kann."

Wie also Kant Ding an sich und Erscheinung unterscheidet, so auch logisches[3]) und empirisches[4]) Ich. Während er aber von dem Dinge an sich trotz dessen angeblicher Unerkennbarkeit, wie wir später sehen werden, positive Aussagen macht und die Kategorien, wenn auch unbewusst und wider Willen, auf dasselbe überträgt, ist ihm das logische Ich ein ganz inhaltsloser Begriff, mit dem man nichts anfangen könne, da es ja nur das Bewusstsein unseres Denkens sei.

Jedenfalls geht aus Kants Äusserungen zur Genüge hervor, dass er den Schluss der rationalen Psychologie einen Trugschluss zu nennen berechtigt ist, entstanden durch die Verwechslung des logischen Subjekts mit dem realen. Hierbei wollen wir jedoch den für die Sache selbst unerheblichen

---

[1]) S. 164.
[2]) S. 332 ff.
[3]) Vgl. unten S. 35 f.
[4]) S. 520: „. . . Jener Raum selber aber sammt dieser Zeit, und zugleich mit beiden alle Erscheinungen sind doch an sich selbst keine Dinge, sondern nichts als Vorstellungen, und können gar nicht ausser unserm Gemüth existiren, und selbst ist die innere und sinnliche Anschauung unseres Gemüths (als Gegenstandes des Bewusstseins), dessen Bestimmung durch die Succession verschiedener Zustände in der Zeit vorgestellt wird, auch nicht das eigentliche Selbst, so wie es an sich existirt, oder das transscendentale Subject, sondern nur eine Erscheinung, die der Sinnlichkeit dieses uns unbekannten Wesens gegeben worden . . ."

Punkt nicht unerwähnt lassen, dass Kant nicht hätte sagen dürfen: „also wird *per sophisma figurae dictionis*, mithin durch einen Trugschluss die Conklusion gefolgert", da wir unter sophisma einen Trugschluss verstehen, bei dem die Absicht zu täuschen obwaltet. Es hätte zu sagen genügt: „*per figuram dictionis.*"

Ob nun Kant berechtigt ist, das logische Ich dem empirischen gegenüberzustellen, werden wir bei der Besprechung des zweiten Paralogismus zu erörtern haben, ebenso bei der des vierten Paralogismus, wie die Lehre von dem Dinge an sich mit seinem Kriticismus sich verträgt.

Davon aber abgesehen, dass auf der Grundlage der Kantischen Voraussetzungen ein Paralogismus vorliegt, enthält unser Schluss, was auch J. B. Meyer[1]) andeutet, eine *petitio principii*. Vergleichen wir nämlich die erste Prämisse mit dem Schlusssatze, so finden wir, dass sie selbst des Beweises bedürftig ist, indem sie dasjenige schon voraussetzt, als zugestanden annimmt, was doch erst zu beweisen ist. Denn wie wollen wir aus dem, was nicht anders als wie als Subjekt gedacht werden kann, ohne irgend welche Synthesis auf die Existenz als Substanz schliessen?

Der Obersatz erfüllt aber erst dann seine wahre Bestimmung, wenn das, was ausgesagt wird, durch Analysis ausgesagt wird. Da nun durch blosse Zergliederung des gedachten absoluten Subjekts auf keine Weise gefunden werden kann, dass es als Substanz existiert, — denn jeder Existenzialsatz ist, wie Kant selbst[2]) lehrt, synthetisch —, so müssen wir notwendig über den Begriff des gedachten absoluten Subjekts hinausgehen, ihn erweitern, etwas hinzuthun, um zur Existenzialität und damit zur Substanzialität zu gelangen. Der streitige Punkt also, dasjenige, was zu beweisen die Hauptaufgabe gewesen wäre, wird uns von der rationalen Psychologie, wie Kant den Schluss darstellt, schon als fest-

---

[1]) J. B. Meyer, a. a. O. S. 229 u. oben S. 26.
[2]) S. 626.

stehend und sicher vorgeführt. Demgemäss wird hier Platz greifen, was Kant in seiner Logik (§ 92) sagt: „Unter einer *petitio principii* versteht man die Annehmung eines Satzes zum Beweisgrunde als eines unmittelbar gewissen Satzes, obgleich er noch eines Beweises bedarf."

Unberechtigt, weil unbewiesen, ist offenbar auch die erste Prämisse des Paralogismus der Substanzialität, wie er in der ersten Auflage der Kritik d. r. V. dargestellt wird. Ebenso gilt dieser Fassung gegenüber dasselbe, was wir oben gegen die Ansicht J. B. Meyers dargelegt haben: der *terminus medius* ist in Kantischem Sinne in doppelter Bedeutung angewendet, aber ohne die Absicht einer Täuschung seitens der rationalen Psychologie; demnach musste Kant den Schluss für einen Paralogismus halten.

Bevor wir die Kritik des Paralogismus der Einfachheit beginnen, wollen wir gemäss unserer Darlegung im ersten Kapitel auf die Kantische Widerlegung des Mendelssohnschen Beweises der Beharrlichkeit der Seele eingehen. — Kant sucht, wie wir oben gesehen haben, unter Annahme der Voraussetzung Mendelssohns, dass die Seele ein einfaches Wesen sei und keine extensive Grösse enthalte, durch seine Lehre von der intensiven Grösse nachzuweisen, dass Mendelssohns Beweis unzutreffend sei. Doch dürfte diese Lehre nur Gültigkeit beanspruchen, insofern sie sich bloss auf die Empfindung bezieht. Das Princip der Anticipationen der Wahrnehmung lautet[1]) aber: „In allen Erscheinungen hat das Reale, was ein Gegenstand der Empfindung ist, intensive Grösse, d. i. einen Grad," nach der ersten Auflage der Kr. d. r. V.: „In allen Erscheinungen hat die Empfindung und das Reale, welches ihr an dem Gegenstande entspricht *(realitas phaenomenon)*, eine intensive Grösse, d. i. einen Grad." Kant muss auch selbst von seinem Beweise für diesen Satz nicht ganz befriedigt gewesen sein. Es geht dies hervor aus dem ersten der beiden Zusätze, die er zu den Anticipationen der

---

[1]) S. 207.

Wahrnehmung gemacht hat. Der Zusatz lautet nach B. Erdmann:[1] „Ich sage nicht, alle Realität hat einen Grad, eben so wenig als, jedes Ding hat eine extensive Grösse," während es doch im Text, wie wir schon oben gesehen haben, heisst, dass man der Seele als einfacher Natur, „so wenig[2]) wie irgend einem Existirenden," intensive Grösse ableugnen könne.

Vom streng kritischen Standpunkte aus muss zwar Kant „die Beharrlichkeit der Seele, als bloss Gegenstandes des inneren Sinnes" für unbewiesen und unbeweisbar halten, von demselben Standpunkte aus aber darf er auch das Gegenteil zu beweisen nicht unternehmen, dass die Seele als einfaches Wesen in nichts verwandelt werden könne. Denn wenn er dies damit beweisen will, dass auch das Bewusstsein jederzeit einen Grad habe, der immer noch vermindert werden könne, so darf er doch nicht auch dem Vermögen, sich seiner bewusst zu werden, und dem Träger[3]) dieses Vermögens, der Seelensubstanz, intensive Grösse zuschreiben, ohne sich der Gefahr auszusetzen, in denselben Fehler zu verfallen, den er der rationalen Psychologie vorwirft, dass sie Erscheinungen hypostasiere.

Auch die Aufstellung der verschiedenen Möglichkeiten in der Widerlegung des Beweises der Beharrlichkeit der Seele ist nicht geeignet, Kants kritische Beweisführung zu stützen. Zwar behauptet er nicht die Falschheit der Ansichten des Rationalisten, weil die Ansichten des Materialisten richtig seien, aber er tritt doch auf Grund der Denkbarkeit materialistischer Behauptungen dem Rationalisten entgegen, der ohne beharrliche Anschauung aus dem blossen Denkvermögen ein für sich bestehendes Wesen zu machen kühn genug sei, allerdings nur, um ihn zu dem Geständnis zu veranlassen, er

---

[1]) Vgl. oben citierte „Nachträge zu Kants Kr. d. r. V." hrsg. von B. Erdmann, S. 31. No. LXXII.
[2]) S. 414.
[3]) Vgl. dagegen Aug. Stadler: „Kants Theorie der Materie", Leipzig 1883, S. 140 f.

wisse „die Möglichkeit einer denkenden Natur" nicht zu erklären. Aber damit ist wohl an den Rationalisten eine zu grosse Forderung gestellt. Wenn dieser auch die Möglichkeit einer denkenden Natur nicht zu erklären vermag, so kann er doch mit Fug und Recht die Existenz einer denkenden, immateriellen Natur behaupten, sobald die vorliegenden psychologischen Thatsachen sich nur durch die Annahme einer solchen Folgerung erklären lassen. Er kann dies mit demselben Rechte thun, wie der Physiker[1]) seinerseits das Licht als eine Ätherbewegung betrachtet, wenn die vorhandenen Lichtphänomene nur unter der Voraussetzung, dass das Licht in blosser Ätherbewegung bestehe, hinreichend begriffen werden können, wenn er auch niemals imstande wäre, die Möglichkeit einer Ätherbewegung selbst zu erklären.

Und wenn der Rationalist sich wenigstens nachzuweisen bemüht, dass das Zusammengesetzte nicht denken könne, so hätte Kant, um ihn wirksam zu widerlegen, den Nachweis des Gegenteils führen müssen, sich nicht aber mit der Möglichkeit des Gegenteils allein begnügen sollen. Durch die Vergleichung des einheitlichen Denkprozesses mit anderen einheitlichen Kraftwirkungen hat Kant die Denkbarkeit einer materialistischen Gegenbehauptung noch nicht entwickelt, wie dies J. B. Meyer[2]) Kant verteidigend darlegt, und das blosse Zugeben einer entgegengesetzten Theorie scheint der kritischen Zurückhaltung und Unbefangenheit Kants, die Meyer rühmt, nicht ganz entsprechend. So lässt sich die bei dem Entstehen von Organismen zu Tage tretende einheitliche Kraftwirkung in keiner Weise vereinbaren mit der Lehre von der notwendigen Vereinigung aller unserer Vorstellungen in dem einheitlichen Selbstbewusstsein, von der Möglichkeit aller Begriffe durch das „Ich denke". Er scheint auch diesen Widerspruch oder doch wenigstens die Schwäche seines Opponierens gegen die

---

[1]) Vgl. Wirth: „Über die Grenzen der Selbsterkenntniss" in Fichtes Zeitschrift f. Philos. u. philos. Kritik. Bd. 38. S. 191.
[2]) a. a. O. S. 257 ff.

Rationalisten zu merken. So geht er in dem Abschnitt der Kr. d. r. V.. der von der „Disciplin der reinen Vernunft in Anschung ihrer Beweise" handelt. noch einmal auf den „vermeintlichen Beweis der einfachen Natur unserer denkenden Substanz aus der Einheit der Apperception" ein. Er schliesst hier:[1]) „Wenn ich mir die Kraft meines Körpers in Bewegung vorstelle. so ist er sofern für mich absolute Einheit. und meine Vorstellung von ihm ist einfach: daher kann ich diese auch durch die Bewegung eines Punkts ausdrücken. weil sein Volumen hierbei nichts thut. und ohne Verminderung der Kraft so klein. wie man will, und also auch als in einem Punkt befindlich gedacht werden kann. Hieraus werde ich doch aber nicht schliessen. dass. wenn mir nichts als die bewegende Kraft eines Körpers gegeben ist. der Körper als einfache Substanz gedacht werden könne. darum. weil seine Vorstellung von aller Grösse des Rauminhalts abstrahirt. und also einfach ist. Hierdurch nun. dass das Einfache in der Abstraction vom Einfachen im Object ganz unterschieden ist. und dass das Ich. welches im ersteren Verstande gar keine Mannigfaltigkeit in sich fasst. im zweiten. da es die Seele selbst bedeutet. ein sehr complexer Begriff sein kann. nämlich sehr vieles unter sich zu enthalten und zu bezeichnen. entdecke ich einen Paralogismus."

Aber dieser von Kant entdeckte Paralogismus trifft. zugegeben. dass die Verwechslung des logischen und realen Subjekts Geltung beanspruchen kann. gar nicht den Kern des vorliegenden Falles. Mit der blossen Analogie der Erscheinungen des körperlichen Daseins ist hier nicht geholfen und der Beweis der Rationalisten nicht widerlegt. Es war eben für Kant schlechterdings der Nachweis notwendig. dass aus der Thätigkeit eines Wesens. welches aus der kollektiven Einheit mehrerer Substanzen besteht. und nicht aus dem einfachen. unteilbaren. unzusammengesetzten Subjekt. die Einheit des Selbstbewusstseins resultieren könne.

---

[1]) S. 812 f.

Wie bei dem Paralogismus der Substantialität, so auch werden wir von dem Satze der rationalen Psychologie, der die Einfachheit der Seele beweisen will, wie ihn Kant in der ersten Auflage darstellt, sagen müssen, dass auf Grund der Kantischen Voraussetzungen der Paralogismus wirklich stattfindet. Es wird wiederum von dem bloss logischen Subjekt auf das reale geschlossen, die logisch subjektive Einfachheit des Bewusstseins verwechselt mit der real objektiven Einfachheit des bewussten Wesens. Darum kann auch der Mittelbegriff (Ding, dessen Handlung niemals als Konkurrenz vieler handelnden Dinge angesehen werden kann.) den Oberbegriff (einfach) und den Unterbegriff (Seele oder das denkende Ich) nicht richtig in Verbindung bringen.

Als in doppeltem Sinne genommen kann aber der Mittelbegriff nur dann betrachtet werden, wenn man mit Kant das Ich in doppeltem Sinne nimmt: das Ich als Erscheinung, als gedachtes Objekt, und das Ich als Intelligenz, als denkendes Subjekt, in welcher letzteren Bedeutung es Kant als Beziehung der inneren Erscheinungen auf das unbekannte Subjekt derselben bezeichnet, es sogar das blosse „Gefühl[1]) eines Daseins" nennt, „ohne den mindesten Begriff und nur Vorstellung desjenigen, worauf alles Denken in Beziehung (relatione accidentis) steht."

Von diesem doppelten Gesichtspunkte aus musste Kant natürlich einen Paralogismus annehmen, musste er für bewiesen halten, dass *per figuram dictionis* (vgl. oben S. 29) von dem logischen auf das reale Subjekt geschlossen sei.

[1]) Vgl. Prolegom. S. 136, Anmerkung. Diese Anmerkung erhält die rechte Beleuchtung durch folgende Stellen aus „Imm. Kants Vorlesungen über die Metaphysik", Erfurt 1821, hrsg. v. Pölitz, S. 99: „Das Erste, was ganz gewiss ist, ist das: dass ich bin; ich fühle mich selbst, ich weiss gewiss, dass ich bin; aber mit eben solcher Gewissheit weiss ich nicht, dass andere Wesen ausser mir sind." S. 100: „Ich bin, das fühle ich und schaue mich unmittelbar an . . ." Vgl. darüber B. Erdmanns Aufsatz: „Eine unbeachtet gebliebene Quelle zur Entwicklungsgeschichte Kants" in „Philosophische Monatshefte", XIX. Bd., 1883, S. 138, und „Kants Kriticismus", S. 96.

Hat aber Kant mit seiner Zweiteilung des Ich Recht gehabt? Sind wir berechtigt, mit Kant das Ich in zwei Teile zu zerlegen trotz der Einheit des Selbstbewusstseins? „Wie aber das Ich, der ich denke," sagt Kant,[1] „von dem Ich, das sich selbst anschaut, unterschieden (indem ich mir noch andere Anschauungsart wenigstens als möglich vorstellen kann) und doch mit diesem letzteren als dasselbe Subject einerlei sei, wie ich also sagen könne: „Ich als Intelligenz und denkendes Subject erkenne mich selbst als gedachtes Object, so fern ich mir noch über das in der Anschauung gegeben bin, nur gleich anderen Phänomenen nicht, wie ich vor dem Verstande bin, sondern wie ich mir erscheine, hat nicht mehr auch nicht weniger Schwierigkeit bei sich, als wie ich mir selbst überhaupt ein Object und zwar der Anschauung und innerer Wahrnehmungen sein könne."

Dass hier unter dem gedachten Objekt das empirische Ich zu verstehen ist, bedarf keiner weiteren Erörterung; wie wir jedoch das Ich als Intelligenz und denkendes Subjekt aufzufassen haben, steht noch dahin, insofern das Ich-Subjekt von Kant in das logische und transscendentale Ich geschieden wird. Er vermochte aber selbst nicht, die Schwierigkeiten einer Vereinigung des logischen und transscendentalen Ich in dem Ich-Subjekt zu beseitigen. Alle die Wendungen, z. B. dass „das Subject der Inhärenz[2] durch das dem Gedanken angehängte Ich nur transscendental bezeichnet werde, ohne die mindeste Eigenschaft desselben zu bemerken, oder überhaupt etwas von ihm zu kennen oder zu wissen", oder dass „das denkende Ich, die Seele, ein Name[3] für den transscendentalen Gegenstand des inneren Sinnes" sei, bringen ihn nicht einen Schritt weiter. Während ihm einer-

---

[1] S. 155. Damit sind zu vergleichen die von J. B. Meyer a. a. O. S. 239 ff. angeführten Citate aus Kants Schrift: „welches sind die wirklichen Fortschritte etc." und aus „Anthropologie in pragmatischer Hinsicht."
[2] 1. Aufl. S. 355.
[3] 1. Aufl. S. 361.

seits — ebenso wie die Existenz des transscendentalen Gegenstandes des äusseren Sinnes, worauf wir noch zurückkommen werden — die Existenz des transscendentalen Gegenstandes des inneren Sinnes unzweifelhaft war, bemühte er sich andererseits vergeblich, die des logischen Ich damit in Einklang zu bringen. „Die Einheit[1]) des Bewusstseins, welche den Kategorien zum Grunde liegt." „die Einheit im Denken," welche selbst das Subjekt der Kategorien ist, kann, wie dies auch Kant offen ausspricht, durch die Kategorien nicht bestimmt werden. Daraus erklären sich Äusserungen, dass der Satz „Ich denke" „eine unbestimmte empirische[2]) Anschauung, d. i. Wahrnehmung" ausdrücken, aber vor der Erfahrung vorhergehen, dass die Erfahrung hier „noch keine Kategorie" sein, dass eine unbestimmte Wahrnehmung hier nicht als Erscheinung, auch nicht als Noumenon, „sondern als etwas, was in der That existirt, und in dem Satze „Ich denke" als ein solches bezeichnet" werden, dass ich im Bewusstsein meiner Selbst, beim blossen Denken das Wesen[3]) selbst, von dem mir aber freilich dadurch noch nichts zum Denken gegeben ist, sein solle.

Kant hat mit Unrecht ein zweifaches[4]) Ich gelehrt. „Es ist", sagt Weber[5]), „nicht wahr, dass das Selbstbewusstseyn oder der Ichgedanke „ein Gedanke sey, der schon ein zweifaches Ich enthalte, das Ich als Subject und das Ich als

---

[1]) S. 421 f.
[2]) S. 423 Anmkg.
[3]) S. 429.
[4]) Von einer weiteren Ausführung über die Vereinigung oder Trennung des logischen und des transscendentalen Ich können wir hier absehen, da es für unseren Zweck genügt, das Ich-Subjekt als Ganzes dem Ich-Objekt gegenüberzustellen. Vgl. darüber B. Erdmann in „Kants Kriticismus ..." S. 56. 220 ff.; Joh. Volkelt in „Imm. Kants Erkenntnisstheorie nach ihren Grundprincipien analysirt," Leipzig 1879, S. 120; Alfred Hölder in „Darstellung der Kantischen Erkenntnisstheorie...", Tübingen 1873, S. 92 ff.
[5]) Th. Weber: „Zur Kritik der Kantischen Erkenntnisstheorie", Halle 1882, S. 74 Anmkg.

Object": denn davon lehrt eine unbefangene, vorurtheilslose Selbstbeobachtung schlechterdings nichts, wohl aber lehrt sie das gerade Gegentheil davon. Es ist ferner nicht wahr, dass „ich, der ich denke, mir selber ein Gegenstand der Anschauung bin": denn wäre dieses der Fall, so müsste das Ich als solches sich selber auch unmittelbar objectiv oder gegenständlich seyn, es müsste also, wie Kant will, im Selbstbewusstseyn in der That zweimal, als Ich-Subject und als Ich-Object vorkommen, was aber als nicht zutreffend indirect von Kant selbst im Widerspruche mit seiner eigenen Behauptung zugegeben wird. Denn wenn durch das behauptete zweimalige Vorkommen des Ich im Selbstbewusstseyn doch wieder „nicht eine doppelte Persönlichkeit gemeint, sondern nur Ich, der ich denke und anschaue, die Person, das Ich aber des Objects, was von mir angeschaut wird, gleich anderen Gegenständen ausser mir, die Sache sein soll" — was heisst das in Wirklichkeit denn anders, als dass die vorige Behauptung wieder aufgehoben, die Identität von Ich-Subject und Ich-Object geläugnet und letzteres zu einem Nicht-Ich herabgedrückt wird?" Bestätigt wird diese Auffassung durch Ueberweg. In seinem Grundriss der Geschichte der Philosophie[1]) heisst es: „Aber auch dann, wenn ein „innerer Sinn" in der Art, wie Kant denselben annimmt, wirklich bestände, würde die kantische Unterscheidung doch nicht zutreffen, weil bei der psychologischen Selbstbeobachtung das Subject, dem die inneren Zustände erscheinen, mit dem Object, dem sie angehören, identisch ist: die Erscheinung des Vorstellungslaufs dürfte nicht bloss als ein untreues Abbild der an sich zeitlosen, den inneren Sinn afficirenden inneren Zustände, sondern müsste auch als ein durch die Affection in der Seele oder in dem Ich wirklich gewordenes, dem Seienden als solchem und nicht bloss der Erscheinung angehörendes Resultat betrachtet werden, oder

---

[1]) Fr. Ueberwegs Grdrss. der Gesch. d. Philos., 3. Teil, 6. Aufl. (herausg. von Max Heinze), Berlin 1883, S. 233, Anmkg. **. Vgl. auch Ueberwegs „System der Logik...", 4. Aufl., Bonn 1874, S. 77 ff.

nicht bloss ein Mittel, sondern auch selbst wieder ein Object der Selbstauffassung sein, und zwar ein der Veränderung unterworfenes Object".

Lotze besonders ist es, der den Beweis der rationalen Psychologie von der Einfachheit des denkenden Ich, d. h. der Seele als Substanz, gegen Kant wieder aufgenommen hat. Lotze sagt in seiner Metaphysik[1]): „..... wenn wir nun auch diese Einheit des Bewusstseins zugeben, warum müsste sie auf die Untheilbarkeit eines besonderen Subjects zurückgeführt werden und liesse sich nicht ebenso wie eine resultirende Bewegung aus dem Zusammenwirken vieler Componenten herleiten? Auch diese Resultante giebt sich ja vollkommen einfach und enthält keine Andeutung der Vielheit mehr, aus der sie entstanden ist. Allein nur ein lässig verkürzter Ausdruck des mechanischen Gesetzes, auf das man sich beruft, kann einen solchen Versuch möglich scheinen lassen. Man darf nicht sagen: aus zwei Bewegungen entsteht eine dritte einfache; sondern vollständig: wenn auf einen und denselben materialen Punkt gleichzeitig zwei verschiedene Antriebe einwirken, so setzen sie sich an diesem Punkte zu einer dritten einfachen Bewegung eben dieses Punktes zusammen; sie würden es nicht thun, wenn sie verschiedene Elemente getroffen hätten, und die Resultante würde nichts bedeuten, wenn sie nicht Bewegung eben desselben Elementes wäre, an dem jene zusammenstiessen. Diese unerlässliche Angabe des Subjects, dessen Zustände sie combiniren will, dürfte auch die analoge Construction des Bewusstseins nicht versäumen."

J. B. Meyer[2]) verteidigt Kants Angriff gegen die rationale Psychologie, ohne aber neue Beweise zu bringen. Nach ihm giebt es für die materialistische Theorie vom Wesen der Seele nur eine in sich wenigstens klare Entwicklung, es ist

---

[1]) Lotze: System der Philosophie, 2. Teil, Metaphysik, 2. Aufl., Leipzig 1884, S. 478.
[2]) J. B. Meyer a. a. O. S. 263 und oben S. 32.

die von Kant angedeutete. Meyer citiert auch Lotzes Ansicht aus dessen Mikrokosmus,[1]) die sich im wesentlichen mit der eben von uns angeführten deckt. Aber er begnügt[2]) sich Lotze gegenüber mit folgender Darlegung: „ . . . Besonders scharfsinnig sind diese Behauptungen. (d. i. dass die Einheit des Bewusstseins eine Erklärung aus dem Zusammengesetzten nicht zulasse, dass eben desshalb unsere Seele nicht materiell sein könne, sondern eine einfache Substanz). welche Kant widerlegt zu haben glaubte, neuerdings wiederum in seinem 1856 erschienenen Mikrokosmus Bd. 1 (Buch 2. Cap. 1) aufgestellt und vertheidigt worden. Lotze weist darauf hin. . ." Es folgt nun Lotzes Beweis, dessen Darstellung Meyer mit den Worten schliesst: „Diese Folgerungen Lotzes gehen offenbar in der Frage, ob das Zusammengesetzte (also die sichtbare Materie) denken kann, über die Kantische kritische Zurückhaltung hinaus und entscheiden die Frage positiv zu Gunsten des Spiritualismus." Man kann aber, wie wir schon oben sahen, billig bezweifeln, ob es einer kritischen Zurückhaltung entspricht, dem „Achilles aller dialektischen Schlüsse der reinen Seelenlehre" gegenüber dem Materialisten dadurch beizuspringen, dass man die Einheit des Bewusstseins mit der einheitlichen Wirkung physischer Kräfte vergleicht. Wenn auch Kant nicht behauptet, dass die Materie denken könne, so entscheidet er sich doch — und damit geht er über seine kritische Zurückhaltung hinaus — gegen den Rationalismus auf Grund der von ihm aufgestellten Analogie. Kommt doch schliesslich die Kantische Widerlegung des Paralogismus der Einfachheit zu dem Resultat, es sei möglich, dass das den Gegenständen äusserer Sinne zu Grunde liegende Ding an sich und das Substrat des Gegenstandes des inneren Sinnes unter einander gleichartig[3]) seien, weil ersterem, von dem wir

---

[1]) Lotze: „Mikrokosmus. Ideen zur Naturgeschichte und Geschichte der Menschheit." I. Bd., Leipzig 1856, S. 178.
[2]) a. a. O. S. 250.
[3]) Die 2. Auflage der Kritik d. r. V. (S. 427 f.) begnügt sich mit einer kurzen Andeutung, während die erste (S. 358 f.) diesen Gesichts-

ja nichts wissen. Vorstellen und Denken nicht abgesprochen werden können.

Zu wiederholten Malen warnt Kant vor dem „dogmatischen[1]) Spiritualisten," der die psychologische Idee als ein konstitutives Prinzip für die Erklärung der Erscheinungen unserer Seele gebraucht. Nur als regulatives Prinzip könne uns die psychologische Idee von Nutzen sein. „Jene[2]) Einfachheit der Substanz u. s. w. sollte nur das Schema zu diesem regulativen Princip sein, und wird nicht vorausgesetzt, als sei

punkt ausführlicher behandelt. Vgl. darüber Ueberweg a. a. O. S. 245 f. Anmkg. O. Riedel in seiner Dissertation: „Die monadologischen Bestimmungen in Kants Lehre vom Dinge an sich", Kiel 1884, S. 26 f. kommt zu demselben Ergebnis, wie Ueberweg, wenn er die Verwandtschaft zwischen den Kantischen Ausführungen und der Leibnizischen Monadologie hervorhebt, indem er obige Stelle als besonders beweiskräftig für seine Ansicht heranzieht. Nach B. Erdmann hat sich Kant die Dinge an sich stets nach Analogie der Leibnizischen Monaden gedacht. Vgl. seine Einltg. zu den Prolegom. S. XLV und „Kants Kriticismus..." S. 74; ferner die Zurückweisung einer spinozistischen Deutung von demselben Verfasser in dem schon citierten Aufsatze der „Philosoph. Monatshefte" XX. 1884, S. 85 und „Nachträge" S. 36, No. XCIII, S. 39, No. CXII. Vgl. „Reflexionen..." No. 1328 und No. 1131 (Zeit des kritischen Rationalismus). Hervorzuheben wäre auch hier die Analogie mit Locke (vgl. oben S. 20, 21 Anmkg.), wenn dieser zeigt, dass die Vorstellung von der Substanz des Körpers ebenso wenig deutlich ist, wie die von der Substanz des Geistes. So heisst es bei ihm a. a. O. lib. II. cap. 23, § 5, S. 122: „Es ist also klar, dass der Begriff von einer körperlichen oder materiellen Substanz ebenso weit von unserer Erkenntniss und Einsicht entfernt ist, als der von einer geistigen Substanz oder einem Geiste." S. 136 f.: „Der eine Begriff ist so klar und deutlich, als der andere, und so ist es auch mit den Bestandtheilen beider. Denn in beiden Fällen haben wir einen gleich dunkeln oder eigentlich gar keinen Begriff von der Substanz; sie ist nur ein vorausgesetztes Etwas, das wir nicht kennen, in welchem die Accidenzen gegründet sind. Nur aus Mangel an Reflexion kann man glauben, die Sinne stellten uns nur materielle Dinge dar. Jede Anschauung führt uns, wenn sie gehörig erwogen wird, ebenso klar auf geistige als auf körperliche Wesen." Vgl. noch § 22, S. 142 f. u. § 30, S. 152.

[1]) S. 718.
[2]) S. 711.

sie der wirkliche Grund der Seeleneigenschaften. Denn diese können auch auf ganz anderen Gründen beruhen, die wir gar nicht kennen, wie wir denn die Seele auch durch diese angenommenen Prädicate eigentlich nicht an sich selbst erkennen könnten, wenn wir sie gleich von ihr schlechthin wollten gelten lassen, indem sie eine blosse Idee ausmachen, die *in concreto* gar nicht vorgestellt werden kann."

Diese Idee soll nach Kant die Forderungen der Vernunft nur begrenzen und leistet somit vollständig Verzicht darauf, die Erscheinungen des inneren Sinnes zu erklären.

Wenn dies Letztere nun auch vom streng kritischen Standpunkte aus berechtigt sein mag, so ist doch andererseits zu erwidern, dass die vielfachen Vermögen, welche Kant der Vernunft beilegt, dann haltlos in der Luft schweben, dass mit der Ansetzung der bloss begrenzenden Idee eine genügende Grundlage nicht gegeben ist.

Nehmen wir nun an, dass Kant seine Einwürfe gegen den Rationalismus, die verschiedenen Möglichkeiten des Gegenteils, die er aufstellt, zurückzieht, so wird er uns immer und immer wieder entgegenhalten, dass damit noch nichts gewonnen ist, dass wir immer noch kein Recht haben, aus unserem einheitlichen Bewusstsein einen substantiellen Träger zu folgern: von Substanz könne nur dann wahrhaft die Rede sein, wenn wir die Anschauung einer beharrlichen Erscheinung hätten; letzteres sei wieder nur im Raume möglich; mit dem Raume aber habe das transscendentale Subjekt nichts zu thun, sondern nur in der Zeit könne es angeschaut werden, „wenn es[1]) überhaupt anschaulich wäre." Folglich könne man nie sagen, dass das Subjekt des Denkens eine denkende Substanz sei oder die Seele Substanz.[2])

---

[1]) Kuno Fischer: Geschichte der neuern Philosophie. 3. Bd., 3. Aufl. München 1882, S. 443.

[2]) Jedoch hat Kant selbst seinen Beweis des Grundsatzes der Beharrlichkeit nicht immer auf gleichem Wege gesucht, wie die schon oben citierten „Nachträge zu Kants Kr. d. r. V." S. 32 ff. zeigen. Dazu bemerkt B. Erdmann a. a. O. S. 33 f.: „An die Stelle der Zeit, die

Es würde über den Rahmen vorliegender Arbeit hinausgehen, wollten wir im Anschluss an die erwähnten Lotzeschen Ausführungen zu Gunsten der rationalen Psychologie den Begriff der Substanz einer weiteren Erörterung unterziehen. Wir begnügen uns Kant gegenüber mit der Wiederaufnahme der Seelensubstanz, über deren eigentliches Wesen wir freilich nichts aussagen können, wenn darunter die Frage verstanden wird, aus welchem Stoffe[1]) denn die Seelensubstanz bestehe. Beurteilt man aber das Wesen eines jeden Dinges, also auch der Seelensubstanz, mit Lotze nach seinen Leistungen und Wirkungen, so werden wir nicht umhin können, unserem einheitlich gegebenen Bewusstsein ein für sich bestehendes und im eigenen Wechsel beharrendes Subjekt zu geben, welches Träger unserer mannigfachen inneren Zustände ist, ohne welches nicht die geringste Erkenntnis möglich wäre.

Dieses Subjekt aber kann nicht die Kantische transscendentale Apperception sein, die den inneren Erscheinungen zu Grunde liegt, nicht das logische Subjekt, welches Kant veranlasst, in den Schlüssen der rationalen Psychologie Paralo-

---

Kant auf Grund einer ebenso subtilen wie irrtümlichen Fassung als die beharrliche Form der Bestimmungen des Nacheinander oder des Zugleichseins gedacht wissen will, tritt hier der Raum..." „So consequent jedoch der Gedanke von diesen Voraussetzungen aus erscheint, so sehr widerspricht er der Theorie der Schemate, die alle Zeitbestimmungen sein müssen."

[1]) Insofern sind wir allerdings mit Paulsens Satze in dessen Abhandlung „Was uns Kant sein kann" (Vierteljahrsschrift für wissensch. Philos. V, 1881, S. 25) einverstanden, wenn er „wohl gegenwärtig die Frage nach dem Wesen oder eigentlichen Was der Seele einigermassen für antiquirt gelten" lässt. Daraus folgt aber noch nicht, dass „Substanz nicht ein für sich existirendes Wirkliche, sondern eine Gruppirungsform des Wirklichen bloss in unserer Vorstellung bedeutet." Als blosse „Gruppirungsform" oder „Auffassungskategorie" hat auch Kant, wie Paulsen will, die Substanz nicht aufgefasst. Wo diese Interpretation möglich ist, da setzt sich Kant mit den seiner Lehre zu Grunde liegenden Voraussetzungen in Widerspruch, wie wir weiter unten bei der Kritik des vierten Paralogismus sehen werden.

gismen zu sehen, welches ja nach Kant ein ganz leerer, inhaltsloser Begriff ist, der unsere Vorstellungen nur begleitet.

Und doch muss dieses logische Ich wiederum nach Kant von gewaltiger Leistungsfähigkeit sein: denn die Kategorien haben in ihm ihren Ursprung, die Kategorien, die uns alle Wahrheit[1]) und Gewissheit verbürgen sollen, als Ableitungen aber aus dem logischen Ich ganz unzweifelhaft nichts sind als blosse Abstraktionen, durch die eine Erkenntnis nimmermehr zu stande kommen kann. Und nicht nur die Kategorien,[2]) die Formen des Denkens, sondern auch Raum und Zeit, die Formen des Anschauens, sind nach Kantischer Lehre mit Notwendigkeit in der innersten Natur des vorstellenden Subjekts begründet: wenn wir nun auch vorausgesetzt, dass wir die Apriorität der Vorstellungen von Raum und Zeit zugeben, nicht sagen können, wie sie (die Vorstellungen) in dem von uns behaupteten substantiellen Ich enthalten sind, so ist doch wohl mit Bestimmtheit die Annahme zurückzuweisen, dass aus dem Kantischen Ich apriorische Vorstellungen stammen können. Woher sollte, um diesen Teil vorläufig zu schliessen, z. B. die Möglichkeit für die Gewissheit und Richtigkeit des Kantischen[3]) Satzes rühren: „der Verstand schöpft seine Gesetze *(a priori)* nicht aus der Natur, sondern schreibt sie dieser vor," wenn wir schliesslich immer wieder auf das Ich als blosse „Beziehung[4]) der inneren Erscheinungen auf das unbekannte Subject derselben" verwiesen werden?

Im Paralogismus der Personalität sieht Kant, wie wir

---

[1]) 1. Aufl. S. 125.
[2]) 1. Aufl. S. 107 f. 111 f.
[3]) Prolegom. S. 113 und Kr. d. r. V. 1. Aufl. S. 126 f.
[4]) Vgl. Prolegom. S. 136 und Hume: „Über die menschliche Natur" (aus dem Englischen von L. H. Jacob), I. Bd., Halle 1790, S. 488: „Aber das Selbst oder die Person ist nicht eine gewisse Impression, sondern dasjenige, worauf, wie man annimmt, alle unsere verschiedenen Impressionen und Begriffe eine Beziehung haben."

oben¹) zeigten, analog seiner Auffassung der beiden ersten Paralogismen die Verwechslung des logischen Subjekts mit dem realen, dass also demgemäss der Mittelbegriff (Was sich der numerischen Identität seiner selbst in verschiedenen Zeiten bewusst ist) in doppeltem Sinne genommen ist. Nun beruht aber, indem wir wiederum Lotzes²) Ausführungen gegen die Kantische Kritik beitreten, nicht darauf unser Glaube an die numerische Identität und Personalität der Seele, dass wir uns als numerische Identität und Person erscheinen, sondern darauf, dass wir uns überhaupt erscheinen können. Wäre der Inhalt dessen, als was wir uns erscheinen, ein völlig anderer, kämen wir uns selbst vielmehr als eine zusammenhangslose Vielheit vor, so würden wir auch daraus, aus der blossen Möglichkeit, dass wir uns überhaupt irgendwie erscheinen können, auf die notwendige mit sich identische Einheit der Seele zurückschliessen. — Ohne Lotze als Quelle anzugeben, bringt Quäbicker³) diese Widerlegung als eigene Ansicht. Ferner citiert er Ulricis Ansicht aus dessen Schrift „Leib und Seele" (S. 315), der, obgleich von anderen Voraussetzungen ausgehend, doch zu demselben Resultat gelangt, wie Lotze. Die Stelle lautet: „Daraus (aus der Identität des Ich nämlich im Wechsel seiner Zustände) folgt allerdings, dass auch das Wesen, welches seiner selbst und des Bewusstseins sich bewusst ist, ein einiges mit sich identisches sein muss. Denn wäre es ein Vielfaches, eine, wenn auch noch so innige Einigung gleich- oder ungleich-

---

¹) Siehe oben S. 20 f.
²) Lotze: „Metaphysik, S. 482; ferner „Geschichte der deutschen Philos. seit Kant." Diktate aus den Vorlesungen von Hermann Lotze, Lpz. 1882. S. 27: „Hiergegen bleibt einzuwenden, dass es undenkbar ist, wie sie sich selber irgendwie erscheinen könnte, wenn sie nicht, so lange sie ist, allerdings die mit sich identische Einheit wäre, als welche sie sich wirklich erscheint."
³) Quäbicker: Kritische philosophische Untersuchungen, 1. Heft, Berlin 1870, S. 59 ff.

artiger Atome, so müsste es auch ein mehrfaches Bewusstsein haben. So gewiss jede Wirkung auf ein zusammengesetztes Wesen nur so weit reicht, als sie die einzelnen Theile desselben trifft, so gewiss könnte ein solches Wesen eine Erscheinung (eine Sinnesempfindung, Perception, Wahrnehmung) nur haben, wenn und sofern sie den einzelnen Theilen desselben erscheint. Dasselbe Object müsste entweder — wie in mehreren neben einander hängenden Spiegeln — mehrfach sich wiederholen oder — wie in einem aus mehreren Gläsern zusammengesetzten Spiegel — in sich gebrochen, getheilt, zerschnitten erscheinen; so gewiss nun aber sonach die Einheit des Bewusstseins eine unzweifelhafte Thatsache ist, so gewiss kann auch die Kraft und Thätigkeit, durch welche das Bewusstsein entsteht, nur eine und dieselbige, identische, sich gleich bleibende sein. Denn eine mannigfache, zusammengesetzte, sich ändernde Thätigkeit würde nothwendig auch eine mannigfache, zusammengesetzte, verschiedenartige Wirkung haben, also nicht Eins, sondern ein mehrfaches, getheiltes Bewusstsein ergeben."

Die Falschheit der zweiten Prämisse im 4. Paralogismus beruht nach Kantischer Darstellung auf der in der transscendentalen Aesthetik niedergelegten Lehre von Raum und Zeit. Kant definiert Raum und Zeit als die Formen unserer subjektiven Anschauung, als die formalen Bedingungen unserer Sinnlichkeit; sie sind nicht „wirkliche[1]) Beschaffenheiten, die den Dingen an sich selbst anhingen," sie sind nichts.[2]) sobald wir die Bedingung der Möglichkeit aller Erfahrung weglassen und sie als etwas, was den Dingen an sich selbst zu Grunde liegt, annehmen. Raum und Zeit haben zwar objektive Realität, „aber[3]) nicht für Dinge nach dem, was ihnen auch ausser der Relation auf unser Erkenntnissvermögen zukommt, sondern nur in Relation auf dasselbe, und zwar auf die Form der

---

[1]) Prolegom. S. 57.
[2]) S. 44.
[3]) Vgl. „Nachträge..." S. 21.

Sinnlichkeit, mithin bloss als Erscheinungen." Daraus folgt, dass alle Gegenstände in Raum und Zeit von uns auch nur erkannt werden können unter den uns anhängenden Bedingungen von Raum und Zeit, dass wir sie nicht anders kennen, als in unserer uns eigentümlichen Art, sie wahrzunehmen. Alle unsere Anschauung ist also nichts[1]) als die Vorstellung von Erscheinung, die Dinge, die wir anschauen, sind nicht das an sich selbst, wofür wir sie anschauen, noch sind ihre Verhältnisse so an sich selbst beschaffen, als sie uns erscheinen; wenn wir unser Subjekt oder auch nur die subjektive Beschaffenheit der Sinne überhaupt aufheben würden, würde auch alle die Beschaffenheit, würden alle Verhältnisse der Objekte in Raum und Zeit, ja selbst Raum und Zeit verschwinden. Demnach haben wir nur mit den Vorstellungen in uns zu thun, nur mit den Gegenständen, wie sie uns als Erscheinungen entgegentreten und uns affizieren; was sie aber an sich sein mögen, wenn wir von unserer Sinnlichkeit absehen, ist und bleibt nach Kant immer unbekannt.

Aber trotz der Unerkennbarkeit des Dinges an sich hat doch Kant die Existenz desselben nicht geleugnet. Allerdings hätten, wenn sich nachweisen liesse, dass Kant das Ding an sich nicht anerkannt hätte, jene Rezensenten Recht gehabt, die ihn nicht verstehend ihm vorwarfen, er habe die Sinnenwelt in lauter Schein verwandelt; wäre dies der Fall, dann müsste die Auflösung der rationalen Psychologie selbst vom Kantischen Standpunkte aus in nichts zerfallen; denn diese Auflösung hat ja ihren Schwerpunkt darin, dass Kant Erscheinung und Ding an sich unterscheidet, dass die rationale Psychologie die Erscheinung für das Ding an sich genommen habe.

Kant negiert nur, dass die Erscheinungen, d. h. die Dinge, wie wir sie uns vorstellen, Dinge an sich selbst seien, womit er aber keineswegs die Existenz dieser Dinge an sich selbst negiert. Ausdrücklich versichert er[2]), dass er den Sachen, die wir

---
[1]) S. 59.
[2]) Prolegom. S. 69.

uns durch Sinne vorstellen, ihre Wirklichkeit lasse und nur unsere sinnliche Anschauung von diesen Sachen so einschränke, dass sie in gar keinem Stücke, selbst nicht in den reinen Anschauungen von Raum und Zeit, etwas mehr als bloss Erscheinung jener Sachen, niemals aber die Beschaffenheit derselben an ihnen selbst vorstellen. Lebhaft protestiert er gegen jene Deutung seiner Lehre, als habe er der Natur einen Schein angedichtet. Sein transscendentaler Idealismus betreffe nicht die Existenz[1]) der Sachen, — denn die zu bezweifeln sei ihm niemals in den Sinn gekommen — „sondern bloss die sinnliche Vorstellung der Sachen, dazu Raum und Zeit zuoberst gehören", und von diesen, mithin überhaupt von allen Erscheinungen, habe er nur gezeigt, „dass sie nicht Sachen, (sondern blosse Vorstellungsarten) auch nicht den Sachen an sich selbst angehörige Bestimmungen" seien.

Ob sich nun die Annahme der Existenz der Dinge an sich einerseits und ihre Unkennbarkeit andererseits mit Kants Kriticismus verträgt, ob die Dinge an sich in sein System hineinpassen, ist eine Frage, auf die wir noch zurückkommen werden: aber gegenüber den in der III. Anmerkung zu § 13 der Prolegomena von Kant dargelegten Erläuterungen, wie er seine Lehre von der Erkenntnis der Sinnenwelt verstanden wissen wolle, bleibt es unerfindlich, wie vom Kantischen Standpunkte aus die Dinge an sich geleugnet werden können. Man kann zwar zugeben, dass sich bei Kant öfters Schwanken[2]) verrät, dass er mit dem Begriffe des Dinges an sich im Fortgange[3]) seines Philosophierens arg ins Gedränge kommt, dass es nicht selten den Anschein nimmt, als ob er denselben preiszugeben entschlossen sei, aber dass als Grund der Erscheinungen etwas existieren müsse, hat Kant nie bestritten.

---

[1]) Prolegom. S. 70 f.
[2]) Oder wie Joh. Volkelt a. a. O. S. 91. sagt: „Wir werden den Sachverhalt vielleicht am besten bezeichnen, wenn wir sagen, dass sich ihm die Existenz des Dinges an sich zuweilen in ein problematisches Licht rückte..."
[3]) Vgl. Weber a. a. O. S. 27. u. S. 28 Anmkg.

Und wenn er auch in der ersten Auflage[1]) sagt: „... es ist aber klar, dass, da wir es nur mit dem Mannigfaltigen unserer Vorstellungen zu thun haben, und jenes X, was ihnen correspondirt (der Gegenstand), weil er etwas von allen unseren Vorstellungen Unterschiedenes sein soll, für uns nichts ist, die Einheit, welche der Gegenstand nothwendig macht, nichts Anderes sein könne, als die formale Einheit des Bewusstseins in der Synthesis des Mannigfaltigen der Vorstellungen", so muss dabei hervorgehoben werden, dass jenes X nur für uns[2]) nichts sein solle. Ähnlich heisst es in der zweiten[3]) Auflage: „Es ist auch im Ausgange ganz einerlei, ob ich sage: ich könne im empirischen Fortgange im Raume auf Sterne treffen, die hundertmal weiter entfernt sind, als die äussersten, die ich sehe, oder ob ich sage: es sind vielleicht deren im Weltraume anzutreffen, wenn sie gleich niemals ein Mensch wahrgenommen hat oder wahrnehmen wird: denn, wenn sie gleich als Dinge an sich selbst, ohne Beziehung auf mögliche Erfahrung, überhaupt gegeben wären, so sind sie doch für mich nichts, mithin keine Gegenstände, als so fern sie in der Reihe des empirischen Regressus enthalten sind". Man vergleiche ferner folgende[4]) Stelle: „... Nun sind aber diese Erscheinungen nicht Dinge an sich selbst, sondern selbst nur Vorstellungen, die wiederum ihren Gegenstand haben, der also von uns nicht mehr angeschaut werden kann, und daher der nicht-empirische, d. i. transscendentale Gegenstand = X genannt werden mag". Ausdrücklich spricht Kant hier von Erscheinungen als Vorstellungen, die wiederum ihren Gegenstand haben, d. h. das ihnen zu Grunde liegende Substrat. Können wir übrigens annehmen, dass Kant fortwährend das Wort „Erscheinung" gebrauchen werde, ohne zu erwägen, dass ja dieses Wort selbst schon schlechthin die Notwendigkeit

---
[1]) S. 105.
[2]) Vgl. Ueberweg a. a. O. S. 222 Anmkg. und Erdmann „Reflexionen...", S. 267, No. 942.
[3]) S. 524.
[4]) 1. Aufl. S. 109.

besagt, es auf eine ihm zu Grunde liegende reale Ursache zu beziehen? Wo Erscheinung ist, muss ebenso, wie jemand, dem sie erscheint, auch etwas sein, das erscheint. „Denn sonst," sagt[1]) Kant selbst, „würde der ungereimte Satz daraus folgen, dass Erscheinung ohne etwas wäre, was da erscheint". Und an einer anderen Stelle[2]) heisst es: „... es folgt natürlicher Weise aus dem Begriff der Erscheinung überhaupt, dass ihr etwas entsprechen müsse, was an sich nicht Erscheinung ist, weil Erscheinung nichts für sich selbst und ausser unserer Vorstellungsart sein kann." Nun charakterisiert zwar Kant den transscendentalen Idealismus[3]) mit den Worten: „denn weil er diese Materie und sogar deren innere Möglichkeit bloss für Erscheinung gelten lässt, die von unserer Sinnlichkeit abgetrennt nichts ist, so ist sie bei ihm nur eine Art Vorstellungen (Anschauung), welche äusserlich heissen, nicht, als ob sie sich auf an sich selbst äussere Gegenstände bezögen, sondern weil sie Wahrnehmungen auf den Raum beziehen, in welchem alles ausser einander, er selbst der Raum aber in uns ist". Damit ist allerdings schwer zusammenzureimen[4]), dass Kant in seiner Vorrede[5]) zur zweiten Auflage von dem Idealismus zur höchsten Bestürzung und Indignation Fichtes sagt: „der Idealismus mag in Ansehung der wesentlichen Zwecke der Metaphysik für noch so unschuldig gehalten werden (was er in der That nicht ist), so bleibt es immer ein Skandal der Philosophie und allgemeinen Menschenvernunft, das Dasein der Dinge ausser uns (von denen wir doch den ganzen Stoff zu Erkenntnissen selbst für unseren inneren Sinn her haben) bloss auf Glauben[6]) an-

---

[1]) Vorrede zur 2. Aufl. der Kr. d. r. V. S. XXVI f.
[2]) 1. Aufl. S. 251.
[3]) 1. Aufl. S. 370.
[4]) Vgl. Hippenmeyer: „Über Kants Kritik der rationalen Psychologie" in der „Zeitschrift f. Philos. u. philos. Kritik", N. F., Bd. 56., 1870, S. 111.
[5]) S. XXXIX, Anmkg.
[6]) Gegen Jacobis Lehre gerichtet.

nehmen zu müssen, und, wenn es jemand einfällt es zu bezweifeln, ihm keinen genugthuenden Beweis entgegenstellen zu können." Aber deshalb geben wir nicht zu, dass zwischen den beiden Auflagen der Kr. d. r. V. durch die Art und Weise, wie Kant von dem der Erscheinungswelt zu Grunde liegenden Substrat spricht, eine tiefe Kluft entsteht, die nur durch eine Sinnesänderung Kants zu erklären wäre. Denn wenn es Kuno Fischer[1]) zwar für unmöglich hält, die philosophische Differenz beider Ausgaben wegzureden, so macht Vaihinger[2]) dagegen aufmerksam, dass solche Widersprüche schon in der ersten Auflage sich finden. So ist bei der Kritik des 4. Paralogismus unmittelbar neben einander[3]) zu lesen: „Alle äussere Wahrnehmung also beweist unmittelbar etwas Wirkliches im Raume oder ist vielmehr das Wirkliche selbst, und in so fern ist also der empirische Realismus ausser Zweifel, d. i. es correspondirt unseren äusseren Anschauungen etwas Wirkliches im Raume," ferner[4]): „Den empirischen Idealismus als eine falsche Bedenklichkeit wegen der objectiven Realität unserer äusseren Wahrnehmungen zu widerlegen, ist schon hinreichend, dass äussere Wahrnehmung eine Wirklichkeit im Raume unmittelbar beweise, welcher Raum, ob er zwar an sich nur blosse Form der Vorstellungen ist, dennoch in Ansehung aller äusseren Erscheinungen (die auch nichts Anderes als blosse Vorstellungen sind) objective Realität hat, imgleichen, dass ohne Wahrnehmung selbst die Erdichtung und der Traum nicht möglich seien, unsere äusseren Sinne also den *datis* nach, woraus Erfahrung entspringen kann, ihre wirklichen correspondirenden Gegenstände im

---

[1]) K. Fischer a. a. O. S. 558 ff. und in „Kritik der kantischen Philosophie", München 1883, S. 58 ff.
[2]) Vaihinger a. a. O. S. 134 ff. Auch Ueberweg a. a. O. S. 240. Anmkg. hebt den im Text erwähnten Widerspruch, der sich schon in der 1. Auflage findet, hervor.
[3]) 1. Aufl. S. 375.
[4]) 1. Aufl. S. 376, 377 f.

Raume haben." Es ist einleuchtend, wie sehr Kant durch die beiden angeführten Sätze seinen sonstigen Ausführungen in der ersten Auflage über die Aussenwelt widerspricht, wonach diese doch nur unsere Vorstellung sein soll, während hiernach unseren äusseren Anschauungen wirkliche Gegenstände im Raume entsprechen, ebenso einleuchtend aber gerade aus diesem Widerspruch, dass Kant sich mit vollem Recht dagegen verwahren konnte, Berkeleys dogmatischen[1]) Idealismus wieder aufgewärmt zu haben.

Mit bekanntem Scharfsinn wendet sich Drobisch in seiner neuesten Schrift[2]) gegen die Annahme, dass Kant ein real existierendes Substrat der Erscheinungen anerkannt hätte. Drobisch sagt: „Der Begriff der Erscheinung andererseits setzte zwar, wie er einschärft, etwas voraus, das erscheint, aber nicht selbst wieder Erscheinung ist. Aber dieses Etwas ist ihm doch nur ein Gedankending, dessen Existenz sich weder behaupten, noch schlechthin verneinen lässt." Doch genügt es gegenüber einem solchen in der Luft schwebenden Gedankendinge auf folgende zwei Citate hinzuweisen: „Die Sinnenwelt[3]) ist nichts als eine Kette nach allgemeinen Gesetzen verknüpfter Erscheinungen, sie hat also kein Bestehen für sich, sie ist eigentlich nicht das Ding an sich selbst, und bezieht sich also nothwendig auf das, was den Grund[4]) dieser Erscheinung enthält, auf Wesen, die nicht bloss als Erscheinung, sondern als Dinge an sich selbst er-

---

[1]) Vaihinger hat a. a. O. in der gründlichsten Weise auseinandergesetzt, wie Kant sich gegen den problematischen Idealismus wenden konnte und gleichzeitig gegen den dogmatischen, „mit dem er doch gemeinsame Sache machte," aber doch nur scheinbar, fügen wir hinzu, gemeinsame Sache machte.
[2]) Drobisch: „Kants Dinge an sich und sein Erfahrungsbegriff," Hamburg und Leipzig, 1885. S. 38.
[3]) Prolegom. S. 169.
[4]) Volkelt a. a. O. S. 99: „Es wäre ja überhaupt ohne Sinn, ein Ding an sich als Grund der Erscheinungen anzunehmen, ohne es zugleich als auf sich beruhende Substanz zu denken."

kannt werden können. In der Erkenntniss derselben kann Vernunft allein hoffen, ihr Verlangen nach Vollständigkeit im Fortgange von Bedingten zu dessen Bedingungen einmal befriedigt zu sehen." Die zweite Stelle[1]) lautet: „… Denn in der Erscheinung werden jederzeit die Objecte, ja selbst die Beschaffenheiten, die wir ihnen beilegen, als etwas wirklich Gegebenes angesehen, nur dass, so fern diese Beschaffenheit nur von der Anschauungsart des Subjects in der Relation des gegebenen Gegenstandes zu ihm abhängt, dieser **Gegenstand als Erscheinung von sich selber als Object an sich unterschieden wird.**" Wenn ferner Drobisch[2]) unter Beziehung auf eine Stelle aus dem 6. Abschnitt der Antinomie der reinen Vernunft (1. Aufl. S. 494. 2. Aufl. S. 522) bemerkt: „Es leuchtet von selbst ein, dass dieses Object nicht in demselben Sinne wie die Empfindungen als gegeben bezeichnet werden kann. Ist es aber vor aller Erfahrung gegeben, so ist es apriorischen Ursprungs. Und in der That ist es nur eine **denknothwendige Voraussetzung des Begriffs der Receptivität**, ohne welche dieser ganz sinnlos sein würde. Ein **wirkliches Dasein, eine selbständige, von unserem Denken unabhängige Existenz** dieses Objects kann aber daraus nicht gefolgert werden." so ist einzuwenden, dass sich Drobisch mit der Leugnung dieser Folgerung desselben logischen Fehlers schuldig macht, der Kant in allen den Stellen, in denen er das wirkliche Dasein des Dinges an sich als zweifelhaft[3]) erscheinen lässt, schon längst vor-

---

[1]) S. 69.
[2]) a. a. O. S. 9 f.
[3]) Eine ähnliche Auffassung, die für das Verständnis des kritischen Idealismus allein massgebend sein soll, findet sich schon bei Jak. Sigism. Beck: „Erläuternder Auszug aus den krit. Schriften des Herrn Prof. Kant, 3. Bd., welcher den Standpunkt darstellt, aus welchem die kritische Philosophie zu beurtheilen ist" Riga 1796. Vgl. S. 266: „…Wenn aber von den sogenannten Dingen an sich die Rede ist, so behaupte ich schlechtweg, dass ihr Daseyn sowohl als ihr Nichtseyn schlechthin nichts sei." Und der Vertreter der Kantischen Lehre Ldw. Heinr. Jakob sagt in

geworfen wird, insofern einerseits das transscendentale Objekt allerdings eine denknotwendige Voraussetzung des Begriffs der Receptivität sein muss, ohne welches dieser ganz sinnlos sein würde, andererseits aber auch gefolgert werden muss, dass ohne das wirkliche reale Dasein des transscendentalen Objekts der Begriff der Receptivität ebenso sinnlos sein würde. Als Bestätigung für seine Auffassung benützt Drobisch auch die Bestimmung des Dinges an sich als Grenzbegriffes; doch dient gerade diese Definition, wie wir weiter unten sehen werden, dazu, Kant in Widerstreit mit sich selbst zu verwickeln.

Mit B. Erdmann[1]) werden wir vielmehr Kant dahin interpretieren, dass sowohl die beiden Gedankenreihen, auf welche sich der Beweisgang der Aesthetik stützt, die Lehre von dem empirischen Ursprung der Empfindungen und die Theorie des apriorischen Ursprungs von Raum und Zeit, auf einer und derselben Voraussetzung beruhen, nämlich auf der Existenz einer Vielheit wirkender Dinge an sich, deren jedes einer bestimmten Erscheinung entspricht, als auch dass dieselbe Voraussetzung die notwendige Grundlage bildet für die ganze Analytik. Die Konsequenzen der letzteren sucht Kant durch „mühsam[2]) erarbeitete Argumentation" mit der genannten Voraussetzung ins Einvernehmen zu bringen.

---

seiner „Prüfung der Mendelssohnschen Morgenstunden..." Leipzig 1786, S. 157 f.: „Die Grundsätze unseres Verstandes sind nun zwar ihrem Gebrauch und ihrer Anwendung nach allein auf die Sinnenwelt eingeschränkt, aber eben deswegen können wir auch das Dasein aussersinnlicher Gegenstände gar nicht widerlegen, obgleich auch nicht behaupten. Denn in Dingen, von denen wir gar nichts wissen, ist jede Behauptung, sie sei pro oder contra, gleich ungereimt." S. 131: „...Dieses transscendentale Object ist also kein Gegenstand der Erkenntniss an sich selbst, sondern wird nur von unserem Verstande zur Vorstellung der Erscheinungen gefordert, unter dem Begriffe eines Gegenstandes überhaupt, der durch das Mannigfaltige der Erscheinungen bestimmbar ist."

[1]) B. Erdmann: „Einleitung..." S. XLV ff.
[2]) ibid. S. LII.

Kant ist sich, wie Erdmann nachweist, dieser Voraussetzung stets bewusst, und alle die Stellen, die dieselbe aufzuheben scheinen, scheinen dies eben nur dann, wenn man sie aus ihrem Gedankenzusammenhange loslöst.

Wenn nun die Aesthetik und die Analytik die Existenz der Dinge an sich zur stillschweigenden Voraussetzung haben, so ist es auch klar, dass Kant in der transscendentalen Dialektik, in der er sich für seine eigene Theorie, den transscendentalen Idealismus, zuerst[1]) erklärt, die Dinge an sich als das wahre Fundament der Erscheinungswelt nicht entbehren kann. Er unterscheidet ja dadurch seinen Idealismus von dem problematischen Descartes' und dem empirischen oder dogmatischen Berkeleys, mit deren Widerlegung[2]) er gleichzeitig die rationale Psychologie vernichten will.

Wir haben nun zu untersuchen, wie sich das Ding an sich zu Kants Kriticismus verhält, ob Kants kritische Methode es gestattet, ein seiner Meinung nach absolut Unerkennbares als wirklich existierende Ursache der Erscheinungen anzunehmen, unter Ding an sich einen „uns[3]) unbekannten, aber nichts desto weniger wirklichen Gegenstand" zu verstehen.

Wenn nach Kant alle unsere Erkenntnis mit der Erfahrung anhebt, wenn wir ohne Erfahrung von nichts etwas wissen können, dann können wir auch von dem Dinge an sich, das uns auf dem Wege der Erfahrung nicht zugänglich ist, dessen Unerkennbarkeit Kant so oft betont, nicht einmal behaupten, dass es existiert. Kant ist es verboten, die Kategorien, also auch die Kategorie der Realität, auf etwas zu

---

[1]) Vgl. oben S. 22 Anmkg.
[2]) Vgl. Erdmann „Einleitung..." S. LXX ff., wonach erst in den Prolegomenen ausführlicher auf Berkeleys Idealismus eingegangen wird, der in der ersten Auflage kurz abgefertigt wurde, jetzt aber besonders bekämpft wird, weil er nach Kant die Existenz der Dinge an sich bezweifelt, während der Idealismus Descartes' nur die Realität der Erscheinungen für ungewiss erklärt.
[3]) Prolegom. S. 63.

übertragen, was dem Gebiete der Erfahrung nicht angehört: und doch ist ihm nicht nur die Existenz des Dinges an sich unzweifelhaft, sondern auch der Dinge an sich, und doch erklärt er, wie wir unten sehen werden, sie sogar als den Grund der Erscheinungswelt, durch welche sie unseren Sinn affizieren. Kant überträgt also auch, wie es scheint, die Kategorien der Vielheit[1]) und der Kausalität, die Formen der Phänomena, auf die Noumena. Auf Grund der Ergebnisse der Aesthetik durfte Kant nur schliessen: „Was es für eine Bewandniss mit den Dingen an sich haben möge, davon können uns unsere sinnlichen Vorstellungen nichts lehren," auf Grund der Ergebnisse der transscendentalen Deduktion der Kategorien hingegen konnte er sagen, was er am Schlusse der Aesthetik anticipiert: „Was[2]) es für ein Bewandtniss mit den Gegenständen an sich und abgesondert von aller dieser Receptivität unserer Sinnlichkeit haben möge, bleibt uns gänzlich unbekannt[3]). Kant wurde sich aber untreu, sobald er anfing, positive Aussagen über das Ding an sich zu machen. Um also nicht in offenbaren Widerspruch mit sich selbst zu geraten, hätte er es ganz und gar aus seiner Lehre verbannen müssen, was er aber natürlich nicht thun konnte und wollte. Nun ist es selbstverständlich nicht denkbar, dass er so offenbare Widersprüche nicht gemerkt oder dass er daran gedacht haben sollte, die Konsequenzen seiner Lehre seien unverein-

---

[1]) K. Fischer verteidigt Kant folgendermassen a. a. O. S. 569: „Da die Begriffe der Existenz und Vielheit Kategorien sind und nur in der Erfahrung gelten, so kann durch solche Begriffe etwas, das kein mögliches Erfahrungsobject ist, nicht bestimmt werden. „Ding an sich" bedeutet daher keine numerische Einheit, „Dinge an sich" keine numerische Vielheit." Mit Recht weist dies Vaihinger a. a. O. S. 126, Erdmanns überzeugendem Beweise vollständig beistimmend, mit den Worten zurück: „Dass der Ausdruck Kants „Dinge an sich" „keine numerische Vielheit bedeute," ist eine Auslegung, die mein Fassungsvermögen gänzlich übersteigt."
[2]) S. 59.
[3]) Vgl. Erdmann: „Einleitung..." S. XLVII f. und „Kants Kriticismus..." S. 21.

bar mit der Annahme der Dinge an sich. Wenn wir also Widersprüche bemerken, so ist dies nur damit zu erklären, dass es ihm nicht gelungen ist, seine Voraussetzung einer Mehrheit von wirkenden Dingen an sich mit allen den von ihm gegebenen Bestimmungen, die dazu dienen sollen, das Verhältnis dieser Voraussetzung zur Erscheinungswelt zu erklären, in Einklang zu bringen.

Zu diesen misslungenen Versuchen, Übereinstimmung seiner Lehre mit deren Konsequenzen zu erzielen, gehört die als möglich[1]) hingestellte Gleichartigkeit des Substrats der Erscheinungen des äusseren und der des inneren Sinnes, wodurch doch eine gewisse Erkennbarkeit des Dinges an sich zugegeben wird. Ebenso gehört dazu Kants Auffassung des Dinges an sich als Grenzbegriffes[2]). Denn wie soll ein Grenzbegriff, der „die Ursache der Erscheinung (mithin selbst nicht Erscheinung) ist und weder als Grösse noch als Realität noch als Substanz u. s. w. gedacht werden kann," imstande sein, „durch seine Einwirkung[3]) auf unsere Sinnlichkeit dieser unmittelbar allen Inhalt für ihre Anschauungen und dem Verstande mittelbar allen Inhalt für sein Denken" zu überliefern? Als Grenzbegriff muss das Ding an sich aber auch nicht nur Noumenon sein, also der übersinnlichen Welt angehören, sondern auch ein Teil der Erscheinungswelt sein. In den Prolegomenen wird dies von Kant selbst bestätigt, erscheint uns aber trotz seines Bemühens, dies denkbar zu machen, nicht als denkbar. Kant sagt[4]): „Wenn wir mit dem Verbot, alle transscendente Urtheile der reinen Vernunft zu vermeiden, das damit dem Anschein nach streitende Gebot, bis zu Begriffen, die ausserhalb dem Felde des immanenten (empirischen Gebrauchs) liegen, hinauszugehen, verknüpfen, so werden wir inne, dass beide zusammen bestehen können, aber nur gerade

---

[1]) Vgl. oben S. 18, 19.
[2]) 1. Aufl. S. 254, 288. 2. Aufl. S. 311, 344.
[3]) Weber a. a. O. S. 28.
[4]) Prolegom. S. 174.

auf der Grenze alles erlaubten Vernunftgebrauchs: denn diese gehöret eben so wohl zum Felde der Erfahrung, als dem der Gedankenwesen, und wir werden dadurch zugleich belehrt, wie jene so merkwürdige Ideen lediglich zur Grenzbestimmung der menschlichen Vernunft dienen, nämlich ..." Einige Seiten weiter[1]) lesen wir: „... Da aber eine Grenze selbst etwas Positives ist, welches so wohl zu dem gehört, was innerhalb derselben, als zum Raume, der ausser einem gegebenen Inbegriff liegt, so ist es doch eine wirkliche positive Erkenntniss, deren die Vernunft bloss dadurch theilhaftig wird, dass sie sich bis zu dieser Grenze erweitert. ..." Am Schlusse dieses Paragraphen[2]) erläutert Kant die objektive Grenze der Erfahrung als die „Beziehung auf etwas, was selbst nicht Gegenstand der Erfahrung, aber doch der oberste Grund aller derselben sein muss ..."

Aus allen diesen Äusserungen, denen sich noch eine grosse Anzahl[3]) beifügen liesse, geht aber nur hervor, dass Kant dem Dinge an sich als Grenzbegriff grossen Wert beilegte und sich eifrig bemühte, diesen Begriff durch eingehende Erläuterungen möglichst plausibel zu machen; trotzdem müssen wir sagen, dass ihm dies nicht gelungen ist: der Begriff des Noumenon, der Grenzbegriff, der die Anmassung der Sinnlichkeit einschränken soll „und also[4]) nur von negativem Gebrauche" ist, der etwas Positives ausser dem Umfange der Sinnlichkeit nicht setzen kann, steht mit sich selbst, da er als Grenze etwas Positives sein muss, was Kant selbst, wie aus den eben angeführten Stellen hervorgeht, zugiebt, im Widerspruch, und nur durch Künstelei ist das Ding an sich als Grenzbegriff

---

[1]) Prolegom. S. 181.
[2]) ibid. § 59, S. 183.
[3]) Vgl. auch Erdmann: „Reflexionen...", S. 505, No. 1724: „Die Grenze der Erscheinungen gehört mit zu der Erscheinung, aber das Ding, was die Grenze macht, ist ausser derselben ..." Dazu noch S. 504 f. No. 1723.
[4]) S. 311.

in negativem und zugleich positivem Sinne zu erklären, abgesehen davon, dass es für die Erkenntnis der Sinnenwelt nicht das leisten kann, was es nach Kant leisten soll und muss. Lebhaft wird Kant von Fr. von Bärenbach[1]) im Anschluss an Caspari[2]) verteidigt: „Derselbe ist für uns vielmehr, was er für Kant selbst war, so lange er den Boden seines Kriticismus nicht verliess, also ein werthvoller kritischer Grenzbegriff, dessen grossen Erkenntnisswerth Herr Caspari mit grossem Scharfsinn nachgewiesen und nach Analogie der mathematischen Grenzwerthe o und ∞ kritisch erörtert hat." Es handelt sich jedoch hier um den Widerspruch, in den sich Kant durch eine solche Bestimmung mit sich selbst gesetzt hat, ein Widerspruch, welcher bestehen bleibt, wenn wir uns auch mit Bärenbach streng an die markantesten Stellen, welche die kriticistische Auffassung enthalten, binden und dieselben nicht einfach übergehen oder falsch interpretieren; es handelt sich ferner darum, dass für uns das Wertvolle des Grenzbegriffs wegfällt, sobald er uns zur Erklärung der Erscheinungswelt nichts nützt.

Auch nach Stadler[3]) ist das Ding an sich durch die Charakterisierung als Grenzbegriff vollkommen klar entfaltet und als ein durchaus konsequentes Ergebnis der transscendentalen Untersuchung hingestellt. Die Vorwürfe, die Kant gewöhnlich gemacht würden, hinsichtlich der Anwendung des Kausalitätsgesetzes u. s. w., seien hauptsächlich durch Kants Sprache, durch die Worte, die er gewählt hätte, veranlasst. „Nun bedenke man," sagt Stadler, „die Grösse der stylistischen Schwierigkeit, welche Kant zu überwinden hatte. Er musste von einem unbekannten Etwas handeln, von dem man absolut keinen bestimmten Begriff hatte. Sobald er sich

---

[1]) Fr. von Bärenbach in der „Zeitschrift f. Philos. und philos. Kritik." N. F. Bd. 72, S. 68. 79 ff.; „Das Ding an sich als kritischer Grenzbegriff."

[2]) Caspari: „Die Grundprobleme der Erkenntnissthätigkeit," Bd. 1. S. 30 ff.

[3]) Stadler: „Kants Teleologie und ihre erkenntnisstheoretische Bedeutung", Berlin 1874. S. 12 ff.

eines solchen, wie z. B. des Begriffs Ursache, Grund, Correlatum, bediente, sagte er eigentlich etwas Sinnloses; denn diese Begriffe hatten ja nur Bedeutung im Bereich der Anschauung. Er hätte sich daher fortwährend mit einer auffallend symbolischen Bezeichnung behelfen müssen, ungefähr wie „das den Erscheinungen gleichsam Gegenübergestellte". Diese Verteidigung Kants scheint uns nicht gerade glücklich zu sein: wir müssten denn annehmen, dass Kant sich für die Erklärung des Dinges an sich eine neue Terminologie hätte schaffen müssen, die im Grunde genommen, wenn sie auch die der Sprache nach missverständlichen Ausdrücke beseitigt hätte, doch inhaltlich denselben Vorwürfen ausgesetzt gewesen wäre, weil eben das Ding an sich für Kant unumstössliche Voraussetzung seiner Lehre ist, eine Voraussetzung, die aber mit den Konsequenzen des Systems nicht im Einklange steht. Seine Bemühungen aber, diese denknotwendige Voraussetzung gegen Missverständnisse und falsche Auffassungen sicher zu stellen, was besonders in den Prolegomenen und in der zweiten Auflage der Kritik d. r. V. hervortritt, da erst nach dem Erscheinen der ersten Auflage dazu Veranlassung[1]) war, sind es, welche es uns wohl erklärlich machen, dass er an der Grundlage seiner Theorie festhält und festhalten muss, welche aber doch nicht verhindern, dass er mit sich selbst in Widersprüche gerät, vielmehr diese gerade in den Prolegomenen und in der zweiten Auflage greller hervortreten lassen.

Am schwierigsten aber wird das Ding an sich dadurch bestimmt, dass ihm Kant einen Einfluss auf die Erscheinungswelt zuschreibt. Wir sollen von den Wirkungen auf ein Wirkendes, auf die Ursache, von den Erscheinungen auf das Ding an sich als ihre Ursache schliessen. Nun dürfen wir nach Kantischer Lehre von einer Wirkung, die uns in Raum und Zeit erscheint, auf eine übersinnliche Ursache, die mit Raum und Zeit nichts zu thun haben soll, nicht schliessen[2]).

---
[1]) Von B. Erdmann in der Einleitung zu den Prolegomenen ausführlich begründet.
[2]) 1. Aufl. S. 246; 2. Aufl. S. 303; Prolegom. S. 101 u. s. w.

Der Kausalitätsbegriff hat bei Kant über das Gebiet der Erfahrung hinaus keine Geltung und ist nur in deren Gebiet allein von unbeschränkter Geltung. Auf den dadurch in Kants transscendentalem Idealismus entstehenden Widerspruch machte zuerst Jacobi aufmerksam. Jacobi hat, wie Ueberweg[1]) sagt, „das Dilemma klar bezeichnet, welches für den kantischen Kriticismus tödtlich ist: die Affection, durch welche wir den empirisch gegebenen Wahrnehmungsstoff empfangen, muss entweder von Erscheinungen oder von Dingen an sich ausgehen: das Erste aber ist absurd, weil Erscheinungen im kantischen Sinne selbst nur Vorstellungen sind, also vor allen Vorstellungen bereits Vorstellungen vorhanden sein müssten, das andere (was Kant wirklich annimmt und sowohl in der ersten, wie in den folgd. Aufl. der Kr. d. r. Vr., in der Schrift gegen Eberhard etc. ausspricht) widerstreitet[2]) der kritischen Doctrin, dass das Verhältniss von Ursache und Wirkung nur innerhalb der Erscheinungswelt gelte und keine Beziehung auf Dinge an sich habe. Der Anfang und Fortgang der Kritik vernichten[3]) einander."

---

[1]) Ueberweg a. a. O. S. 278.
[2]) Vgl. Beck a. a. O. S. 248: „Und welcher Ungereimtheit macht man sich schuldig, wenn man der Kritik nachspricht, dass die Kategorien auf Dinge an sich nicht anwendbar sind, und gleichwohl diese Dinge an sich als Ursachen der Erscheinungen, der Vorstellungen in uns, die sie bewirken, ansehen will!" S. 159: „Erscheinungen sind die Objecte unserer Erkenntniss, die auf uns wirken und Empfindungen in uns hervorbringen. Dabey ist nun gar nicht an Dinge an sich zu denken."
[3]) Auch in dem Werke, welches sich an die Kr. d. r. V. anschliesst, in den „metaphysischen Anfangsgründen der Naturwissenschaft" (Riga 1786), wird sich Kant untreu. Handelt er doch in dieser Schrift von der Materie und den in ihr liegenden Kräften; diese Kräfte kann er doch aber nur dadurch gewinnen, dass er über die Erscheinung hinausgeht, was ihm andererseits nach der Kr. d. r. V. zu thun untersagt ist. Vgl. darüber Ueberweg a. a. O. S. 250 Anmkg. und Lotze in der „Metaphysik" S. 341 ff. Nach Aug. Stadler: „Kants Theorie der Materie," Leipzig 1883 S. 9 wird jedoch der Standpunkt der Kritik vollständig ge-

In eingehendster Weise setzt nun zwar Vaihinger[1]) auseinander, dass Kant thatsächlich zwei Arten der Affektion unterschieden habe, eine Affektion durch Dinge an sich, aber ebenso eine Affektion der Sinne durch äussere Erscheinungen; ferner weist V. nach, dass Kant selbst in seinem gegenwärtig zur Veröffentlichung gelangenden Opus Posthumum „Übergang von den metaphysischen Anfangsgründen der Naturwissenschaft zur Physik" S. 285 erklärt:[2]) „Die Physik hat es mit Erscheinungen von Erscheinungen zu thun:" aber er muss auch zugeben, dass das Kantische Lehrgebäude durch den aufgedeckten Widerspruch vollständig untergraben wird. „Der aufgedeckte[3]) Widerspruch lässt sich so formuliren: Nach den Hauptlehrsätzen Kants entstehen die Empfindungen durch Affection seitens der Dinge an sich: und doch folgt zuletzt aus denselben Lehrsätzen, dass die Empfindungen durch Affection seitens der Körper im Raume entstehen." Gegenüber den oft gemachten Einwürfen verweist Erdmann[4]) auf den Abschnitt der Vernunftkritik, der von der „Möglichkeit der Causalität durch Freiheit" (2. Aufl. S. 566 ff.) handelt.

Danach würde der Widerspruch, der darin liegt, dass Kant die Kategorie der Kausalität angewendet haben soll, während sie nur auf Erscheinungen bezogen werden darf, sich

---

wahrt. Ueberwegs Einwurf beruht, wie Stadler nachzuweisen versucht, auf einem Missverständnis des Sinnes, in welchem hier der Terminus „afficieren" gebraucht ist, insofern wir auf dieser Stufe mit dem Noumenon durchaus nichts mehr zu thun haben, insofern die Bewegung, sowie die ihr entsprechend gedachte Kraft schlechterdings nur eine Bestimmung des phänomenalen Gegenstandes sein soll. „Dass wir die Kraft nur aus der Wirkung begreifen, macht sie nicht transscendent; sie ist trotzdem an und nicht hinter der Erscheinung."

[1]) Vaihinger a. a. O. S. 151 ff.
[2]) Vgl. ibid. S. 157 die anderen Citate.
[3]) ibid. S. 154.
[4]) Erdmann in der „Einltg. zu ..." S. L. XIII ff. und in „Kants Kriticismus ..." S. 44. 45. 70 ff.

dadurch heben, dass nach Kant eine doppelte[1]) Kausalität anzunehmen ist, insofern man die Kausalität der Gegenstände der Sinnenwelt auf zwei Seiten betrachten kann, „als intelligibel nach ihrer Handlung als eines Dinges an sich selbst, und als sensibel nach den Wirkungen derselben als einer Erscheinung in der Sinnenwelt." Zugegeben aber, dass Kant an allen den vielen Stellen, wo er von den Dingen an sich als dem Grunde der Erscheinungswelt spricht, den intelligibeln Charakter der Kausalität im Auge gehabt hat, so wäre er zwar von dem Vorwurfe, die Kategorie der Kausalität auf das transscendentale Objekt angewendet zu haben, freizusprechen, aber die Schwierigkeiten in der Auffassung seiner Lehre würden dadurch nicht gelöst, sondern vermehrt werden, besonders wenn wir am Schlusse des oben erwähnten Abschnitts[2]) lesen: „Man muss wohl bemerken, dass wir hierdurch nicht die Wirklichkeit der Freiheit als eines der Vermögen, welche die Ursache von den Erscheinungen unserer Sinnenwelt enthalten, haben darthun wollen . . . Ferner haben wir auch gar nicht einmal die Möglichkeit der Freiheit beweisen wollen . . . Die Freiheit wird hier nur als transscendentale Idee behandelt."

[1]) S. 566 f.: „Eine solche doppelte Seite, das Vermögen eines Gegenstandes der Sinne sich zu denken, widerspricht keinem von den Begriffen, die wir uns von Erscheinungen und von einer möglichen Erfahrung zu machen haben. Denn da diesen, weil sie an sich keine Dinge sind, ein transscendentaler Gegenstand zum Grunde liegen muss, der sie als blosse Vorstellungen bestimmt, so hindert nichts, dass wir diesem transscendentalen Gegenstande ausser der Eigenschaft, dadurch er erscheint, nicht auch eine Causalität beilegen sollten, die nicht Erscheinung ist, obgleich ihre Wirkung dennoch in der Erscheinung angetroffen wird. Es muss aber eine jede wirkende Ursache einen Charakter haben, d. i. ein Gesetz ihrer Causalität, ohne welches sie gar nicht Ursache sein würde." Die Art, wie hier Kant von dem transscendentalen Gegenstande spricht, der die Erscheinungen als blosse Vorstellungen bestimmt, ist gleichzeitig ein Beweis für die Richtigkeit der Ansicht Erdmanns, dass für Kant die Existenz einer Mehrheit wirkender Dinge an sich eine selbstverständliche Annahme war. Über die Kausalität durch Freiheit vgl. auch Prolegom. S. 151 ff.
[2]) S. 585 f.

Kant erklärt hier nur ein Rätsel durch ein neues Rätsel[1]), das sich besonderer Einfachheit gerade nicht rühmen darf, sondern im Gegenteil, wie schon erwähnt, die Schwierigkeiten in Kants Theorie noch vermehrt[2]) und uns fast in die Versuchung bringt, das Beiwort „mystisch" oder „schwärmerisch," das Kant dem Idealismus Berkeleys beilegt, auf seine Annahme des intelligibeln Charakters der Kausalität anzuwenden. Eine Bestätigung unseres Urteils finden wir bei Laas[3]): „... Und doch wird für denjenigen, welcher nicht, wie Kant es einmal von sich sagt, das Schicksal hat in Metaphysik „verliebt zu sein," auch zu Schelling-Schopenhauer'schem Mysticismus weder Anlage noch Temperament besitzt, der bei aller Anstrengung vergeblich auslaufende Versuch, den Cardinalbegriff jener Lehre: einen zeitlosen absoluten Anfang einer Causalreihe, der doch den sinnlich-mechanischen Causalnexus nicht alteriren soll, ich sage nicht vorzustellen, nein, sogar nur zu denken, wirklich zu denken, ganz auszudenken, gerade von dem Erfolge begleitet sein, sich von der Kantischen Metaphysik zu den Principien seiner Erkenntnisstheorie zurückzuwenden..."

Gegen Erdmanns Ansicht wendet Drobisch[4]) ein, dass,

---

[1]) Vgl. auch die Vorrede zur 2. Auflage der Kr. d. r. V., S. XXVII ff.
[2]) K. Fischer a. a. O. S. 499 und in „Kritik der K. Phil." S. 24. 25. 74. verteidigt Kant von demselben Gesichtspunkte aus, wie Erdmann: „Kant musste den Begriff einer intelligibeln Ursache fassen, denn er musste nach einem Grunde fragen, der die Vorstellungen macht. Ein anderes ist der Grund, der die Vorstellungen bedingt, indem er ihren Zeitpunkt bestimmt, ein anderes der Grund, der die Vorstellung selbst hervorbringt, der erste Grund ist die empirische, der zweite die transscendentale oder intelligible Ursache..."
[3]) Laas: „Kants Analogien der Erfahrung." Berlin 1876, S. 9. Obige Stelle richtet sich gegen Schopenhauer, der in der transscendentalen Aesthetik, sowie in der Lehre von dem intelligibeln Charakter und der intelligibeln Freiheit die Leistungen sieht, die Kants Namen zu „verewigen" berufen sind, weil sie „umstössliche" wissenschaftliche Errungenschaften darstellen.
[4]) Drobisch a. a. O. S. 16 ff.

abgesehen von der Bedenklichkeit, (was auch Erdmann in der Einltg. zu den Proleg. S. LIII selbst bemerkt) eine andere Art der Kausalität als die der Kategorie zu denken, während dies weder in der transscendentalen Ästhetik, noch in der Analytik auch nur mit einem Worte angedeutet sei, Kant in der dritten Antinomie die intelligible Ursache als den „unbekannten Grund" bezeichnet und von der blossen „Annehmung" derselben und der „Einräumung" eines nur intelligibeln Wesens redet, er also auch hier nicht die von uns unabhängige selbständige Existenz solcher Wesen behaupte. Kant könne demnach an der Stelle, wo er von dem Dinge an sich als Ursache spricht, an die Kausalität durch Freiheit in der kosmologischen Bedeutung nicht gedacht haben, (wenn wir hier von dem moralisch-praktischen Interesse an der Kausalität durch Freiheit absehen).

Doch heisst es bei Kant[1]) ausdrücklich: „Freiheit ist die Unabhängigkeit der Causalität von den Bedingungen des Raums und der Zeit, also die Causalität des Dinges als Dinges an sich selbst."[2]) Wenn Drobisch[3]) ferner nur einen scheinbaren Widerspruch Kants bezüglich der Kategorie der Kausalität und ihrer Anwendung auf Dinge an sich annimmt, der durch Kants[4]) Unterscheidung zwischen Erkennen und Denken gelöst werde, insofern ihm „die Überzeugung von dem blossen Dasein eines Gegenstandes, ohne ein Wissen, wie er beschaffen ist, nicht für ein Erkennen, sondern nur für ein Denken gilt, dem es an einem Gegenstande ganz fehlt," wenn Drobisch Gewicht darauf legt, dass die Dinge an sich notwendiger Weise als die Ursachen der Empfindung gedacht werden, dieses Denken aber keine Er-

---
[1]) Erdmann: „Reflexionen…" No. 1541 und „Einltg. in die Proleg." S. LXIV.
[2]) Obiges Citat enthält auch die Bestätigung von Erdmanns Ansicht gegen Volkelt, der a. a. O. S. 97 die Freiheit als Kausalität des Dinges an sich dem klaren Sachverhalte bei Kant widersprechen lässt.
[3]) Drobisch a. a. O. S. 14 ff.
[4]) Vorrede zur 2. Aufl. S. XXVI.

kenntnis ihrer wirklichen Existenz gebe, weil nach Kant dann noch eine Anschauung von dem, was sie sind, hinzukommen müsste, so schliesst er doch selbst seine Argumentation mit den Worten: „Freilich verzichtete damit zugleich Kant gänzlich auf die Beantwortung der Frage, woher denn eigentlich die Sinnlichkeit die ihr gegebenen Empfindungen empfängt." So würden wir allerdings auch schliessen müssen, wenn wir nicht damit die Widersprüche bei Kant grundlos vermehren würden und zwar um einen Widerspruch, durch den sich das System rettungslos selbst vernichtete. Sollen nach Drobisch die Dinge an sich in Kants Erkenntnistheorie weder zu den Grundsteinen gehören, noch den Schlussstein bilden, sondern nur nach zwei Seiten hin, als transscendentale Objekte und als transscendentales Subjekt Grenzsteine sein, können wir ihre Existenz[1]) weder behaupten, noch schlechthin leugnen, dann würden wir allerdings aus Kant nicht erfahren, woher unsere Empfindungen stammen, aber es würde dann auch der grösste Teil der Kantischen Sätze in der Kr. d. r. V. und in den Prolegomenen (abgesehen von den späteren Schriften, vgl. unsere Anmkg. S. 60) unverständlich sein und Kant sich auf jeder Seite wider-

---

[1]) Vgl. oben S. 51 f. So heisst es z. B. auch bei F. A. Lange in seiner „Geschichte des Materialismus...", 2. Aufl. II. Buch, Iserlohn, 1875, S. 49: „Wir wissen also wirklich nicht, ob ein „Ding a. s." existirt. Wir wissen nur, dass die consequente Anwendung unserer Denkgesetze uns auf den Begriff eines völlig problematischen Etwas führt, welches wir als Ursache der Erscheinungen annehmen, sobald wir erkannt haben, dass unsere Welt nur eine Welt der Vorstellungen sein kann." Zu dieser Ansicht gelangte Lange, der in der ersten Auflage seines Werkes den entgegengesetzten Standpunkt vertrat, nach eigenem Geständnis durch das Studium der Schrift von Hermann Cohen: „Kants Theorie der Erfahrung", Berlin 1871. Auch bei Cohen (vgl. S. 252) sind „alle Einwürfe, welche man von dem Gedanken aus, dass die Causalität nur für die Erscheinungen gelte, gegen die Aufstellung eines Dinges an sich geltend machte", durch die Bestimmung desselben als Grenzbegriffes erledigt. „Das Noumenon der Substanz ist und soll nichts Anderes sein, als die erweiterte Kategorie."

sprechen. Wir haben nach Kant nicht nur Veranlassung[1]) dazu, uns nichtsinnliche Gegenstände als Ursachen der Erscheinungen zu denken, sondern wir sind sogar dazu gezwungen, die Dinge an sich als real existierend und wirkend zu erkennen.

Es ist jedoch Gefahr vorhanden, dass die Deduktion der Kategorien nicht aufrecht erhalten werden kann, wenn wir den intelligibeln Charakter der Kausalität für zugestanden annehmen. Wir stehen dann wieder vor einem Dilemma, ähnlich dem von Jacobi entdeckten. Denn die Kausalität nach ihrem empirischen Charakter hat nur Geltung in der Welt der Erscheinungen, nach ihrem intelligibeln Charakter aber beherrscht sie nicht nur die Dinge an sich, sondern sie ist auch gerade vermöge dieses Charakters imstande, auf die Erscheinungen einzuwirken und Einfluss zu üben. Dabei wirft sich nun die Frage auf, ob denn das Kausalitätsgesetz nach seinem empirischen Charakter stets dem anderen parallel läuft, und dann dürfte diese andere Seite ziemlich überflüssig sein, oder ob wir, wenn dies nicht der Fall ist, die Gewähr haben, dass unsere Vorstellungen sich auch immer nach ihrem Gesetze der Kausalität richten werden. So unterliegt die Gegensätzlichkeit der Welt der Dinge an sich und der Erscheinungen oder vielmehr die Gegensätzlichkeit der in beiden Welten herrschenden Gesetze einerseits und ihr Zusammenhang andererseits grossen Schwierigkeiten. Wir würden es nicht für unlogisch halten und würden Kantischen Boden nicht zu verlassen glauben, wenn wir behaupteten, dass, wo wir bei der Erscheinung Veränderung und Wechsel bemerken, auch bei dem der Erscheinung entsprechenden Dinge an sich Veränderung und Wechsel vor sich gehen müsse, und dass die Veränderung und der Wechsel in der Welt der Dinge an sich die notwendige Vorbedingung für die Veränderung und den Wechsel in der Welt der Erscheinungen sein

---

[1]) Drobisch a. a. O. S. 28.

müsse. Und doch darf Kant diese Folgerung nicht zulassen.¹)

Wenn nun Kant die Dinge an sich beibehielt, trotzdem er dadurch mit sich selbst in Widerspruch geriet, und auf ihnen sein transscendentaler Idealismus basiert, wenn nach ihm alle äusseren Gegenstände nur als Erscheinungen aufzufassen sind, die nicht anderes sind als eine Art meiner Vorstellungen, deren wirkliche Existenz aber nicht erschlossen wird, sondern durch unmittelbare Wahrnehmung schon bewiesen ist, nämlich durch das blosse, aber empirisch bestimmte, Bewusstsein meines eigenen Daseins, dann musste natürlich der Satz des empirischen Idealismus, die zweite Prämisse des vierten Paralogismus: „nun sind alle äusseren Erscheinungen von der Art, dass ihr Dasein nicht unmittelbar wahrgenommen, sondern auf sie als die Ursachen gegebener Wahrnehmungen allein geschlossen werden kann." falsch sein und mit ihm der ganze Schluss der Idealität, damit also auch die auf den empirischen Idealismus sich stützende rationale Psychologie.

Nachdem wir aber gesehen haben, dass die Existenz des Dinges an sich für Kant die unumstössliche Voraussetzung bildet, an der er niemals gezweifelt hat, dass er sich jedoch vergeblich bemüht, diese Voraussetzung mit den Konsequenzen des Systems in Einklang zu bringen, so werden wir sagen müssen, dass Kant, um konsequent zu bleiben, gewissermassen in seiner Inkonsequenz hätte beharren sollen: er hätte, ebenso wie er eine gewisse Erkennbarkeit des Dinges an sich zugeben muss, wenn er es als Ursache der Erscheinungen des äusseren Sinnes, als Mehrheit, als Grenzbegriff im positiven Sinne u. s. w. darstellt, bei den Erscheinungen des inneren

---

¹) Vgl. Erdmann: „Reflexionen..." No. 992. S. 286: „Ebenso ist Natur nicht die Ordnung der Dinge an sich selbst, sondern die, so der Verstand den Erscheinungen setzt. Von Dingen an sich selbst kann ich sagen, dass sie der Ordnung der Dinge nicht unterworfen seien, und von unserem Verstande, dass er nach der Ordnung der Natur, aber nicht durch dieselbe bestimmt, die Erfahrung möglich mache."

Sinnes in ganz analoger Weise verfahren müssen. Dann wäre ihm das transscendentale Ich, dessen Existenz er ebenso wenig bezweifelte, wie die des Dinges an sich, nicht als logisches Ich schliesslich zu einem schattenhaften, wesenlosen Gebilde zerronnen, sondern er hätte ein reales Prinzip, eine wirklich existierende, einfache, mit sich stets identische Substanz gewonnen, und zwar durch richtige Schlussweise, nicht durch Paralogismen.

Eine solche richtige Schlussweise würde aber selbstverständlich in Kants Lehre, nach der wir immer nur mit Erscheinungen zu thun haben, die Widersprüche, welche durch das Ding an sich hinein gebracht sind, vermehren, die Widersprüche, welche in den unbewiesenen Voraussetzungen der Kritik der reinen Vernunft ihren Ursprung haben.

Wie wir also Kant Unrecht geben, dass er Dinge an sich angenommen hat und sie gleichzeitig als gänzlich unerkennbar hingestellt wissen wollte, dass er überhaupt jede Analogie zwischen Ding an sich und Erscheinung bezüglich der Erkennbarkeit abzuweisen suchte, so auch werden wir ihm entgegenhalten müssen, dass er die rationale Psychologie nicht aufgelöst hat durch den Vorwurf, sie habe durch falsche Folgerungen von den Erscheinungen des Ich auf das Sein desselben schliessen zu können geglaubt.

Weil eben die Thatsachen des geistigen Lebens nur Erscheinungen sind und nicht selbständige Wesen, können sie nicht aus sich selbst erklärt werden und setzen ein Subjekt voraus, von dem sie prädiziert werden, einen Träger, der sich in ihnen äussert. Diesem Träger aber, den wir aus Kants dreifacher Unterscheidung des Ich nicht gewinnen, müssen wir reale und wirkende Existenz zuschreiben, aus den Erscheinungen des inneren Sinnes heraus müssen wir ein erkennbares und gewisse Eigenschaften besitzendes Substrat konstruieren, das, wenn wir es nur als psychologische Idee betrachten, ohne von ihm etwas aussagen zu können, ebenso völlig wertlos sein würde, wie das Ding an sich, wenn wir diesem alle die

Eigenschaften absprechen würden, die ihm Kant, ohne es zu wollen, zuerteilt.

Auch die formale Beweisführung Kants zur Widerlegung des Schlusses der Idealität zeigt unleugbare Mängel. Denn da eine *quaternio terminorum* gar nicht vorliegt, haben wir keinen Paralogismus vor uns. Ferner lesen wir bei Kant[1]): „Alle Einwürfe können in dogmatische, kritische und skeptische eingetheilt werden. Der dogmatische Einwurf ist, der wider einen Satz, der kritische der wider den Beweis eines Satzes gerichtet ist." Während sich nun Kant bei den ersten drei Schlüssen der rationalen Psychologie gegen die scheinbar richtige Form wandte und diese als unrichtig nachwies, insofern in seinem Sinne und auf Grund seiner Voraussetzungen eine *quaternio terminorum* wirklich vorhanden war, so dass er sich also streng kritisch verhielt, stellt er bei dem vierten Schlusse den Untersatz selbst als falsch hin, verfährt demnach dogmatisch. K. Fischer[2]) geht mithin in der Vertheidigung Kants zu weit, wenn er ausführt: „Kants Widerlegung der rationalen Psychologie ist nicht dogmatisch, sie ist weit entfernt, etwa das Gegentheil der metaphysischen Seelenlehre zu behaupten oder auch nur zu begünstigen. Wenn die rationale Psychologie in ihren Paralogismen urtheilt: die Seele sei Substanz, einfach, persönlich, ihr Dasein sei das einzig Gewisse, so muss das Gegentheil behaupten: die Seele sei keine Substanz, nicht einfach, nicht persönlich, und das Dasein der Materie sei das allein Gewisse." Denn Kant beginnt ja die Kritik des vierten Paralogismus mit den Worten: „Zuerst wollen wir die Prämissen der Prüfung unterwerfen." Diese Prüfung ergab nun aber für Kant ein Resultat, das wir nur das Gegenteil der zweiten Prämisse nennen können, sie ergab das Resultat, dass der Materie eine Wirklichkeit zukomme, die nicht erschlossen,

---

[1]) 1. Aufl. S. 388.
[2]) K. Fischer a. a. O. S. 460,

sondern unmittelbar wahrgenommen werde. Wenn auch hierbei Kant seiner transscendentalen Ästhetik gemäss unter Materie nur die Erscheinung des äusseren Sinnes und nicht das Ding an sich versteht, während die „äusseren Erscheinungen" in dem Schlusse der rationalen Psychologie Dinge an sich sind, so hat dies doch mit der Form des Satzes nichts zu thun, sondern Kant weist seinen Inhalt als falsch nach, ist also gegen seine ausgesprochene Absicht dogmatisch[1]) verfahren.

Es erübrigt sich nach den gemachten Ausführungen die Hinweisung darauf, dass für Kant jenes Problem der Psychologie, welches er eigentlich als fünften Paralogismus hätte bezeichnen sollen, wie Körper und Seele untereinander verknüpft[2]) sein mögen und auf einander zu wirken imstande seien, von keiner Bedeutung ist. Denn es kann sich für ihn nur noch um die „Verknüpfung[3]) der Vorstellungen des inneren Sinnes mit den Modificationen unserer äusseren Sinnlichkeit" handeln, und „wie diese unter einander nach beständigen Gesetzen verknüpft sein mögen, so dass sie in einer Erfahrung zusammenhängen."

Fassen wir nun das gewonnene Ergebnis unserer Aufgabe[4]) kurz zusammen, so werden wir sagen, dass Kant vom

---

[1]) Zu demselben Ergebnis gelangt Hippenmeyer a. a. O. S. 114.
[2]) Vgl. Erdmann: „Reflexionen . . ." S. 508, No. 1734: „Jetzt ist es lächerlich zu fragen, was hast du von der Gemeinschaft der Seele mit dem Körper, der Natur eines Geistes, der Schöpfung in der Zeit für Meinung? Ich meine hiervon gar nichts. Aber was diese Gedanken im menschlichen Verstande für einen Ursprung haben, indem er über seine Grenze geht; woher diese Frage nothwendig sei, und in Ansehung des Objects nur subjectiv könne geantwortet werden: das weiss ich und da bin ich über alle Meinung." Vgl. ferner „Nachträge zu Kants Kr d. r. V." S. 34. No. LXXXVI und „Kants Kriticismus," S. 58 f.
[3]) 1. Aufl. S. 386. 2. Aufl. S. 427 f.
[4]) Auf die Frage, wie Kant dazu kam, den Schlüssen der rationalen Psychologie gerade die Form zu geben, die er ihnen gegeben hat, ob er bestimmte Vorbilder vor Augen gehabt, die auf seine Darstellungen von Einfluss waren, sind wir nicht eingegangen. Denn B. Erdmann hat in seiner Schrift: „Martin Knutzen und seine Zeit", Leipzig 1876, gezeigt,

streng kritischen Standpunkte aus, wonach es nur eine Erkenntnis der Sinnenwelt geben könne, allerdings zu dem Schlusse kommen musste, die Vernunft überschreite ihre Grenzen, sobald sie die psychologische Idee wie einen erkennbaren Gegenstand behandeln wolle.

Bei konsequenter Durchführung seines Systems hätte sich aber Kant zur Fortbildung seiner Lehre im Sinne der Fichteschen Lehre, die er jedoch ein „ephemerisches Erzeugniss" nennt, genötigt gesehen, welche die Dinge an sich überhaupt leugnet, welcher zufolge den Erscheinungen des äusseren Sinnes ein Substrat unterzulegen uns jede Berechtigung fehlt. Und darum nannten wir die Kantische Kritik inkonsequent, weil sie Dinge an sich als real existierende voraussetzt und sie einerseits als unerkennbar hinstellt, andererseits ihnen doch unbewusst eine gewisse Erkennbarkeit zuschreibt und logischer Weise zuschreiben muss.

So wäre auch für Kant in analoger Weise, sobald er die Dinge an sich vollständig negiert hätte, die Auflösung der rationalen Psychologie, insofern sie blosse Erscheinungen hypostasierte, selbstverständlich geworden.

Da er nun aber das Dasein der Dinge an sich als real existierender und wirkender als unumstössliche Voraussetzung betrachtete, so reicht, wie wir gesehen haben, seine Kritik der rationalen Psychologie nicht aus, um uns von der Unerkennbarkeit des dem inneren Sinne zu Grunde liegenden Substrats zu überzeugen.

---

dass der Versuch, den J. B. Meyer (a. a. O. S. 425 ff.) macht, die Kantische Auffassung der rationalen Psychologie auf Knutzen, Reimarus und Mendelssohn zurückzuführen, nicht gelungen sei, da Kants Kritik weder „durch irgend welche direkte Rücksichtnahme auf die historische Gestaltung der rationalen Psychologie" geleitet werde, — die wesentlichen Abweichungen von der Darstellung, die Wolff und Baumgarten im Anschluss an Leibniz gaben, sind erwiesen — noch von einer unbewussten Nachwirkung die Rede sein könne. „Die allgemeine Färbung (a. a. O. S. 148) seiner Darstellung, ihr wesentlich psychologischer Charakter, ist durch die erkenntnisstheoretischen Entwicklungen, die zu ihr führen, von selbst gegeben."

Lebenslauf.

Verfasser, Sohn des Buchhalters Stanislaus Krohn und dessen Ehefrau Leonore, geb. Kempinski, wurde am 9. September 1856 in Landsberg O. S. geboren. Seine Vorbildung genoss er, nachdem der Vater nach Oppeln übergesiedelt war, auf dem Gymnasium daselbst, welches er bis zur Obersekunda besuchte. Er widmete sich darauf dem Kaufmannsstande, gehörte demselben $3\frac{1}{4}$ Jahre an, fand jedoch so wenig Gefallen daran, dass er wieder zur Schule zurückzukehren sich entschloss. Nach fünfmonatlicher Vorbereitung wurde er im Oktober 1876 in die Prima des Ohlauer Gymnasiums aufgenommen und im September 1878 mit dem Zeugnis der Reife entlassen. Dann bezog er die Universität Breslau, studierte Philologie und Philosophie, war von Ostern 1882 bis Michaeli 1883 Hauslehrer, bestand am 9. Mai 1884 das Examen *pro fac. doc.* und am 11. Februar 1886 die Doktorprüfung. Von Michaeli 1884 an ist er am Kgl. Friedrichs-Gymnasium hierselbst, an welchem er auch sein Probejahr absolvierte, beschäftigt.

Während seiner Studienzeit besuchte derselbe die Vorlesungen der Herren Professoren Dilthey, Freudenthal, Hertz, Niese, Reifferscheid, Rossbach, Weinhold, nahm teil an den philosophischen Übungen bei den Herren Professoren Dilthey und Freudenthal, an den archäologischen bei Herrn Professor Rossbach und war 2 Semester ausserordentliches Mitglied des Kgl. philologischen Seminars, konnte jedoch, als er ordentliches Mitglied geworden war, wegen seiner Hauslehrerstellung den Übungen nicht mehr beiwohnen. Allen den genannten Herren Universitätslehrern spricht er seinen aufrichtigen Dank aus, ebenso seinem Lehrer, Herrn Professor Treu, dem jetzigen Direktor des Kgl. Friedrichs-Gymnasiums. Besonders verpflichtet fühlt er sich den Herren Professoren Dr. Clemens Bäumker und Dr. Benno Erdmann, welche ihn bei Abfassung vorliegender Arbeit in dankenswertester Weise mit Litteraturnachweisen unterstützten.

Thesen.

I.
Kants Unterscheidung der Urteile in analytische und synthetische ist berechtigt.

II.
Die reale Existenz einer Mehrheit wirkender Dinge an sich ist eine unzweifelhafte Voraussetzung von Kants Kritik der reinen Vernunft.

III.
Propert. II 6: Vor V. 35 ist keine Lücke anzunehmen: der Gedankenzusammenhang ist hergestellt, wenn hinter *sed non immerito* interpungiert wird.

Druck von Otto Hilliger in Altwasser.